JN057645

野村克也、「野村再生工場」を語る

野村克也・著

プレジデント社

野村克也、「野村再生工場」を語る ◉ 目次

野村再生工場

～叱り方、褒め方、教え方～

第一章　弱者を強者にするために

第二章 楽天的、意識改革

第三章 再生の極意は気づきにあり

第四章 弱い組織を再生させる

野村ボヤキ語録

～人を変える言葉、人を動かす言葉～

第一章 やる気を引き出す言葉

第二章

気づきを与える言葉

第三章

やさしい言葉をかけるだけが愛情ではない

第四章

ほめてやらねば人は動かじ

写真　村上庄吾

「野村克也」という〝野球人〟は、日本のプロ野球の世界で、選手として、また監督として、燦然《さんぜん》と輝く数字を残した。しかし、この野球人はその記録以上に、私たちの心にメッセージを残してくれた。野球で培った洞察力、想像力の大切さと言葉が持つ重要性について語り続けたのである。

本書は、著者（著者の著作権相続者）および角川書店からのご理解をいただき、2008年8月に刊行された野村克也著『野村再生工場　～叱り方、褒め方、教え方～』と、2011年1月に刊行された野村克也著『野村ボヤキ語録　～人を変える言葉、人を動かす言葉～』の復刻版である。

復刻版の刊行にあたり、『野村再生工場』の「第五章　私の人生もまた再生の歴史である」、『野村ボヤキ語録』の「第五章　人を見て法を説け」「第六章　戦略としての言葉」は割愛した。また、本文は基本、刊行された当時のままとした。

野村再生工場

～叱り方、褒め方、教え方～

✔ なぜ、「ぼやく」のか

若い人間を育てるときは「まずほめろ」といわれる。

学校教育では「五つほめ、三つ教えて、二つ叱る」のが基本だという。

ところが、私はほめるのが大の苦手である。

楽天のマーくんこと田中将大《まさひろ》にしても、面と向かってほめたことはほとんどない。これにはテレもあるが、本心は「叱ってこそ人は育つ」と私は考えているからだ。

「人は、無視・賞賛・非難の段階で試される」という。

まったく話にならない段階では無視。少し見込みが出てきたら賞賛する。そして中心になった時点で非難するのである。

つまり、無視されたり、ほめられたりしている段階では、まだ半人前なのだ。逆にいえば、期待するから叱る。もっと育ってほしいと思うから厳しくなるわけだ。それは私の愛情なのだ。何が非難されているのか。どこを直さなければならないのか。それを考え、努力することで選手は成長する。

私自身、鶴岡一人《かずと》さんから叱られたことをバネにして育ってきたし、それができないようではプロとしてやっていけないと信じている。

試合が終わったあと、私は毎日必ず記者を前に談話——一般にはそれは〝ぼやき〟と認識されているようだが——を発表する。それは連日テレビのスポーツニュースで報道され、スポーツ新聞には「野村のぼやきコーナー」が掲載されているほどだ。

私がぼやくのは、もちろん記者諸君に話題を提供することで楽天に注目を集めさせることやファンサービスという意味もあるが、第一の理由はやはり、私がぼやくことで選手たちを発奮させるためである。

私のぼやきがメディアを通して選手に伝わることで、選手は何が悪かったのか、私がどうしてほしいのか、どこを直すべきなのか考え、反省し、次につなげようとする。それを狙っているわけだ。

面と向かってうだうだと叱るより、メディアを通して短い言葉で端的に伝えるほうが、もちろん内容にもよるが、効果的ではないかと私は思う。

もうひとつ、ほめすぎると図にのるような選手に対しては、あえてぼやいたあとでちょろっとほめることもある。私がその選手の力を認め、期待していることをわかってもらうためだ。

鶴岡さんは絶対といっていいほど選手をほめない監督だったが、ごくたまに、たとえばすれ違いざま、「おう、おまえ最近ようなったなあ」とポソッとつぶやくことがあった。「ああ、監督はやっぱりおれのことを見てくれているのだなあ」と私はうれしかったし、「もっとがんばろう」とやる気も出た。それが鮮明に印象に残っているのである。いわばぼやきも、私にとってはコミュニケーション手段のひとつなのだ。

✔「失敗」と書いて「せいちょう」と読む

人間は叱られて育つと信じている私ではあるが、それだけに叱る際には気を遣う。ただやみくもに叱ってはいけない。それでは逆効果になってしまう。

とくに若手選手と接するときに大切なのは、絶対に結果論で叱らないことである。

たとえば、あるバッターが三振したとする。そのバッターがカウントほかの状況や配球パターンなどを考慮したうえで打席に臨み、結果としてそれがはずれて見逃し三振したとしても、私は絶対に叱らない。

その選手は最善とはいわないまでも、できるだけの準備はしたはずだからだ。むしろ、「勝負に負けただけじゃないか」「次はこうしてみたらどうだ？」となだめ、アドバイスしてやる。

それに全力を尽くしたうえでの失敗から学ぶことは少なくない。

たとえば、カーブを待っていたのにストレートが来て見逃し三振をしたとする。セオリーや一般的なデータからいっても、カーブを待つのが正しかったのなら、それはストレートを投げさせた捕手の特徴といえるかもしれない。

つまり、そのキャッチャーは意表を突くのが好きだとか、セオリーと反する配球をする、あるいは打者をしっかり観察しているからストレートを投げさせたと考えられるのである。横浜時代の谷繁元信《たにしげもとのぶ》などはセオリー無視の常習犯だった。だが、そういう傾向がわかれば怖くない。次の対戦ではそのことを念頭において打席に臨めばいいわけだ。

結果よりプロセスを重視するのが私の指導方針である。

三振という結果だけを見て責めてしまっては、選手は次からは三振だけはしないようにと、マイナス思考になってしまう。それでは次もよい結果は望めない。田中の初登板、対ソフトバンク戦で先発。1回3分の2を打者12人6被安打3奪三振1四球の6失点。私はこの結果についても何も問わなかった。

大切なのは、失敗を次につなげることなのだ。「失敗」と書いて、私は「せいちょう」と読むことにしている。失敗を怖がったり、責めたりしてしまえば、成長などありえないのである。

ただし、何も考えないで、つまり技術だけで勝負にいったバッターは絶対に許さない。そういう選手は、次も同じ過ちをおかす。手抜きプレーをした選手も同様である。そんな選手はプロとして失格だと私は思う。

また、あたりまえの話だが、指導者は選手を好き嫌いで判断してもいけない。意外とそういう指導者は多いのではないか。そのような指導者は組織を私物化しているという謗《そし》りを受けてもしかたがない。

選手にとっても、好き嫌いで判断されたらたまらない。監督は、いっさいの先入観を排し、どの選手が組織にもっとも有用かという観点から判断すべきである。そうしなければ、不平不満が顕在化し、組織はそこから崩壊してしまうだろう。結果として自分の評価にも関わってくるのである。

✔ 実践指導

そのうえで、指導する際には実践指導を心がける。

それなりの眼力を持っているコーチならば、選手を見て、どこが悪いかを気づくことは変わらないはずだ。いわく「ヘッドが下がって、バットが下から出ている」、いわく「肩が開いている」、いわく「軸足に体重が乗っていない」……。それで「そこを直せ」と選手に命じる。それでよしと考えている指導者は多い。

だが、選手だってそんなことはビデオを見ればわかる。それでも直らないから困っているわけだ。選手がほんとうに欲しているのは、「どうすれば欠点が矯正されるのか」という具体的なアドバイスである。

だから、指導者は「おれが現役のころは、こうやって修正した」とか「こういうタイプのピッチャーには、こうして対応した」と経験をもとに語ってやることがまずは大切だ。ただし、自分の過去を披瀝《ひれき》しているだけではいけない。

そのうえで「だからおまえの場合はこうしたらどうだ?」と、実践的な指導をしなければならないのだ。そこが肝心なのである。そのためには、現役のころからしっかりと考え、悩み苦しんで、自分なりに創意工夫した経験が必要になる。

そうしたことをしてこなかった指導者は、選手の気持ちがわからないから、頭ごなしに「おれができたのだから、おまえもできるはずだ」と叱ってしまう。これでは選手はどうしていいのかわからない。名選手が必ずしも名指導者ではない所以《ゆえん》である。そしてもちろん、指導者は選手だけでなく、自分自身に対しても厳しくあらねばならない。

「組織はリーダーの器以上には大きくならない」と私は思っている。つまり、組織の伸長は、指揮官のレベルアップ如何《いかん》にかかっている。とすれば、リーダーと呼ばれる人間は、つねに自分がレベルアップしていくことを目指す必要がある。

ほんとうにいまの指導方法でいいのか、もっとよいやり方があるのではないかと自分自身につねに問いかけ、グラウンド以外でも自分を磨かなければならない。より高みを目指して挑み続けなければならないのである。

２００８年８月

野村克也

第一章

弱者を強者にするために

✔なるべく教えるな

「教えないコーチは名コーチ」――メジャーリーグにはこういう名言があるそうだ。じつは私も同じ考えである。

私がプロ野球の世界に飛び込んだころはコーチなどいないも同然だったが、現在ではどのチームでもバッティング、ピッチング、守備・走塁、バッテリー……というようにコーチが細かく分かれ、それぞれが専門に技術的指導やチェックを行っている。そして、彼らは教えることが自分の義務だと思っているのか、あるいは教えないとサボっているとみなされると思っているのか、競い合うように選手を教えている。

だが、コーチがあれこれと口と手を出すことは、必ずしも選手のためにはならない。だから私はいつもコーチたちに言っている。

「なるべく教えるな」

なぜか。教えすぎると、選手が自ら考えることをしなくなるからである。

監督業をはじめて以来、私はいつもコーチに言ってきた。

「〝教えたい〟というおまえたちの気持ちはよくわかる。だが、まずは選手にやらせてみろ。『あいつは何もしない』と言われようとも気にするな」

人間は、失敗してこそ自分の間違いに気づくものだ。自分で気づく前に何か言われても、真剣に聞く耳を持たない。たとえ聞いたとしても頭には入っていないことが多い。やってみて、失敗してはじめて、自分のやり方は間違っているのではないかと考えるのである。たとえば、明らかに間違った打ち方をしているのに、何も訊《き》いてこない選手がいたとする。そういう選手は何も考えていないに等しい。あるいはとんでもなく鈍感なのだ。いずれにせよ、そんな選手に対してすぐに教えてしまうのは逆効果である。

まずは選手のなかで問題意識が高まるようなアドバイスをし、本人に疑問が生まれるように仕向けることが必要だ。

すると、「どうしたらいいでしょうか」とコーチに訊いてくるようになる。そのときこそがコーチの出番である。今度は絶対に選手を突き放してはいけない。徹底的に教え込むのである。

というのは、選手が自ら教えを乞《こ》いにくるときは、選手の向上心や知識欲が最高潮に達しているときだからだ。そんなときの選手は、聞き入れ態勢が整っているから、スポンジが水を吸い込むようにコーチの言ったことを吸収する。その結果、見違えるような成長を見せることがあるのである。

つまり、コーチは選手を日頃からよく観察し、それぞれの選手の心理や置かれた状況をきちんと見極め、もっとも効果が期待できるタイミングを見計らって教えることが求められるのだ。

✔目標を自ら考えさせる

ただし、いくら選手が自分の間違いに気づき、疑問が高まって、受け入れ態勢ができたとしても、技術を教えるのは最後でいいと私は思っている。その前に、自ら取り組もうとする意欲を促すことが必要だからだ。

いくらコーチに教えられても、言われたことだけを言われたとおりにやっているだけでは、それ以上の成長は見込めない。選手自身に創意工夫しようとする気持ちが生まれなければ、「もっと打てるようになるにはどうすればいいのか」と考えることがなければ、絶対に一流にはなれないのだ。だからこそ、技術論を教える前に、自ら能動的に取り組むという意識を植え付けることが大切なのである。

そこで私は、選手たちに次のような質問を投げかけるようにしている。

「将来、どんなバッターやピッチャーになりたいのか」
「何勝したいのか、何割打ちたいのか」
「いくら稼ぎたいのか」

つまり、プロ野球選手としてのそれぞれの選手の目標を明確に聞き出すのである。そのうえでこう訊《たず》ねる。

「では、そのためにどうすればいいのか？　何をしなければいけないのか？」

私がプロ野球の世界に身を投じた最大の理由は、「金を稼ぐため」だった。貧乏生活から抜け出し、苦労して私を育ててくれた母と、私に野球をやらせるために大学進学をあきらめた兄をなんとかして楽にしてやりたいと思った。

そのために金が必要だった。そして、その気持ちが私の原動力となった。たくさん金を稼ぐには、一流にならなければならない。そのために私は徹底的に考え、努力した。とりたてて際立った野球の才能に恵まれなかった私が、まがりなりにも三冠王を獲《と》れるほどの選手になれたのも、明確な目標があったからなのだ。

もちろん、物があふれ、飢えを経験したことのないいまの選手たちに私のようなハングリー精神を求めても不可能だ。だが、だからこそ、「自分は何のために野球をやっているのか」ということを明確にさせることが必要なのである。でなければ、人間は弱いものだから、そうそう努力などできるものではない。目標を達成するために「足りないものは何か」「何をしなければならないのか」を考え、課題に対して自ら真摯《しんし》に向き合える者だけが一流になれるのである。

依頼心が強ければ強いほど、人間の思考能力は衰える。思考を停止すれば、進歩も止まる。一流とは、より多くの疑問を抱き、失敗からたくさんのことを学び取る能力に優れた人間のことをいう。

だからこそ、選手は自分自身で疑問を感じなければならず、コーチはそのように仕向けてやらなければならないのである。

✔長谷部にもシュートをマスターさせる

2007年のドラフトで、楽天は前年の田中に続き、将来のチームを背負っていくであろう逸材を引き当てた。アマチュアで唯一、北京五輪予選に臨む日本代表に選ばれた愛知工業大学のエース左腕、長谷部康平《こうへい》である。

長谷部は173センチと小柄だが、コントロールがすばらしく、とくにチェンジアップとスライダーのキレがいい。しかも貴重な左腕。いみじくも私は「小さな大投手」と評したが、順調に育てばそのとおりになる可能性を持っている。

ただし、現状のままで活躍できるほどプロは甘くないのも事実である。キャンプに入ったとき、私は長谷部に訊ねた。

「球種は何をもっているんだ?」

「ストレートとスライダーとチェンジアップです」

「それだけか……」

私は少々落胆した。たしかに彼のスライダーはいい。だが、それだけではじめはよくてもいつかは通用しなくなるのが目に見えている。長谷部のストレートは決して速くない。したがって、それを狙い打ちされてしまえば、もうおしまいだ。

私はあらためて長谷部に訊いてみた。

「そもそもピッチャーはなぜ変化球を投げる必要があるのか考えてみたことがあるか？」

長谷部は答えられなかった。ある意味では当然だろう。プロであってもピッチャーで真剣にそんなことを考える人は少ない。

だが、ピッチャーの投げるボールには、一球一球根拠がなくてはいけないのだ。

たしかに時速200キロのボールを投げられる投手がいれば、ストレートだけ投げていればいいだろう。しかし、現実にそれは不可能である。まして現在は練習方法や環境が格段に進歩したことで、バッターはかなりのスピードボールであってもタイミングを合わせ、バットに捉《とら》えることができるようになっている。

絶妙のコントロールと鋭い変化球があれば、たとえ130キロのストレートであっても、打者に速いと感じさせることも可能である。基本的に変化球を投げる必要性は、コントロール不足とスピード不足を補い、さらに配球を複雑化すると同時に狙い球を絞りにくくするところに狙いがある。

長谷部のスライダーはまさしくそのためのものなのだが、スライダーだけではたとえ有利とされる左バッターであっても踏み込まれて打たれてしまうだろう。そうならないためには、左バッターに内角を意識させることが必要になる。現在はどのチームも左の強打者が揃っているだけに、それができるかどうかは左ピッチャーにとって死活問題にもなりかねない。

そこで私は長谷部に命じた。

「スライダーをさらに活《い》かすためにシュートをマスターする必要がある」

野球はすべて相対関係で成り立っているのだ。

幸いなことに西本聖《たかし》がキャンプを訪れたので、「長谷部にシュートを教えてやってくれないか」と頼むと、快く了承してくれた。西本に言わせると、長谷部は「飲み込みが早い」そうで、「必ずモノにするだろう」と請け合ってくれた。

残念ながら長谷部はキャンプ中に半月板損傷で出遅れてしまったが、後半戦、クライマックスシリーズ出場に向けて正念場を迎えたとき、必ずや楽天の大きな力となってくれるはずだと私は信じている。

✔ マーくんよ、ストレートを磨け

むろん、若い田中にはまだまだ伸びる要素が山のようにある。

その第一は、「ストレートのキレとコントロールをもっと磨くこと」だ。

読者の方々から見れば、田中はストレートの威力と気合い、そして持ち前の運の強さで新人王を獲得したように見えるかもしれない。けれども、私に言わせれば、それだけではない。むしろ、彼にタイトルをもたらしたのは変化球であると私は考えている。

江川卓《すぐる》にしろ、松坂大輔《だいすけ》にしろ、過去に〝怪物〟と呼ばれたピッチャーの最大の武器は、やはりストレートだった。古いところでは、〝怪童〟と称された尾崎行雄や江夏豊などがその最たるものだ。

だが、田中は違う。いや、もちろんすばらしいストレートを持っているわけだが、それ以上に変化球がよかった。彼はカーブ、スライダー、フォーク、チェンジアップ、ツーシーム、カットボールといった多彩な変化球を持っている。とくにスライダーのキレは抜群だった。田中はこのスライダーを最大の武器にすることで勝ち星を積み重ねていったのである。

こんな新人ピッチャーは、長年プロ野球の世界にいる私でさえ、あまり記憶にない。逆に言えば、ストレートが変化球と同じだけの威力を持つようになれば、まさしく鬼に金棒となる。それこそ歴史に名を残すような大投手になれると私は信じている。だからこそ、さらにストレートに磨きをかけ、同時にもっと制球力を増してほしいと思うのである。

それには下半身を鍛えることが大切だ。

彼の投げ方を見ていると、上体に下半身が負けている。というか、上半身の強さに下半身がついていっていない。ピッチングには腰の安定が欠かせない。腰は身体の中心であり、上半身と下半身、右半身と左半身のバランスの基点となる部位である。腰が安定すれば、ボールにスピードがもっと乗るし、コントロールも安定してくる。それには、やはり下半身を鍛えることだ。下半身がしっかりすれば、腰の安定感もしっかりするのである。まずはそれを彼には望みたいと思う。

✔ エースとしての自覚

そしてもうひとつ、彼にはエースとしての自覚を持ってほしいと切望する。

私の考えるエースの条件とは、

・チームが危機にあるとき救ってくれる存在であること
・チームの鑑《かがみ》であること

端的にいえば、この2点である。すなわち、負けが続いたりしてチームのムードが落ち込んだときに勝てるピッチャーであり、得点があげられないときであっても、勝ちを手繰り寄せられるピッチャーである。そして、味方がエラーしたときであっても不満を顔に出さず、それどころかナインを奮い立たすことができるピッチャーであり、チームを最優先し、ほかの選手の手本となるような存在になれるピッチャーのことである。

むろん、そんなピッチャーはそうはいない。現在では北海道日本ハムファイターズのダルビッシュ有《ゆう》と中日ドラゴンズの川上憲伸《けんしん》くらいであろうか。ダルビッシュはエースとしてのオーラを感じさせるし、気魄《きはく》が伝わってくる。なにより負けない。一方の川上も自分のことよりもチームを優先しているのが感じられるし、そういう状況をものともしない精神力の強さがある。阪神タイガースの藤川球児《きゅうじ》は、ふたりと同じような覚悟や実績は認められるが、まだまだチームのことより「ストレート勝負」という自分の欲を優先しているように見える。今後の藤川に求めるのは、人間的成長だ。

ことほどさように、エースという存在は大変な重責と多くの資質が求められるのだが、田中にはそれにかなうだけのものがある。それだけの素質を持つ類《たぐ》いまれな選手だと私は信じている。だからこそ、彼には多くを望むのである。エースとしての自覚を持ってほしいと思うのである。それは期待の裏返しなのだ。

そのために彼に促したいのはやはり、人間としての成長である。繰り返すが、「人間的成長なくして技術的進歩なし」というのが私の信念である。野球選手である前に、ひとりの人間であり、社会人なのだという自覚と認識を持たなければ、チームの鑑たりえない。

田中に対しては細かいことを言わなかった私だが、一度だけ厳しく叱ったことがあった。1年目の開幕直前の話だ。

田中がモヒカンのような頭で現れたことがあった。そのとき私は即座にもとどおりにするよう命じた。モヒカンにしろ、茶髪にしろ、ヒゲにしろ、それらは自己顕示欲の表れである。要するに「目立ちたい」のである。野球選手は野球で目立てばよろしい。真剣に野球に取り組んでいるのなら、そんなことはしないし、考えないはずだ。言い換えれば、髪の毛をいじるという行為は、精神のバランスが崩れていることを意味するのである。それでは満足なプレーなどできるわけないし、ほかの選手のいい手本にならない。エースとして認めるわけにはいかないのである。

もちろん、田中はまだ若いし、彼がモヒカンにしたのは1年目の、しかも開幕前であるから、そのあたりの自覚が足りなかったのはいたしかたない面もある。だが、田中が真のエースとなるためには、さらなる人間的成長が絶対に必要だし、私も正しい方向へフォローしていかなくてはならないと考えている。

✔欲から入って欲から離れる

人間は自己愛で生きている。誰しも自分がかわいいし、それは避けることのできない人間の業であるのかもしれない。そして、その業が生み出すのが「欲」ではないかと私は考えている。

人間が成長するためには欲が欠かせない。それは事実だと思う。「ホームラン王を獲りたい」「最多勝を獲得したい」「年俸1億円稼ぎたい」という欲があるからこそ、人間は努力できるし、もっとがんばろうと考える。かくいう私だって、70歳を超えたいまでも、欲はなくなっていない。最低でもAクラスに入ってクライマックスシリーズに進出し、日本シリーズでも勝利して日本一になりたいと思っている。この欲がなかったら、私はすでに隠居していたかもしれない。したがって、必ずしも欲は否定されるべきものではない。

ただ、欲だけにこだわってしまってはいけないのである。欲にこりかたまってしまっては、それ以上の成長はないし、どうしても自己中心的になってしまう。したがって、結果もよくないことがほとんどだ。

たとえば、ある打席で絶好球が来たとする。「よし、スタンドに叩《たた》き込むぞ！」と欲が出ると、ほんの一瞬打ち方に狂いが生じ、凡打になってしまう。ピッチャーなら「最後はストレートで三振を取って終わりたい」と思ったとたん、狙い打ちされ、逆転されてしまう……。私自身の経験も含めて、そんなケースを何回も見てきた。

その最たる例が、1992年の日本シリーズだった。私が率いるヤクルトの相手は西武。ヤクルトは杉浦享《とおる》のシリーズ史上初となる代打満塁サヨナラホームランで初戦をモノにすると、劣勢を予想されていたもののその後も食い下がり、勝負は第7戦までもつれた。

試合は7回表まで1対1の同点で進み、その裏、ヤクルトは1死満塁のチャンスを迎えた。ここで勝ち越すことができれば、日本一がグッと近づく。私は〝切り札〟杉浦を代打に送った。

西武バッテリーは慎重になり、ボールカウントはツースリーになった。西武内野陣はダブルプレー態勢。バッターはストレート狙いのケースである。杉浦もそう思った。

そこに狙いどおりのストレートが来た。

ところが、杉浦の打球は1、2塁間に転がった。セカンドの辻発彦《はつひこ》がこれをさばき、バックホーム。3塁ランナーの広沢克己《かつみ》は憤死することになった。

ベンチに帰ってきた杉浦に、私は問いただした。

「初戦のホームランが頭をよぎったろう」

杉浦は苦笑いを浮かべた。おそらく杉浦は狙いどおりのストレートが来て、「しめた」と思ったのだろう。

「おれが試合を決めてやる!」

欲が出たに違いない。結果、ボールからほんの一瞬早く目が離れてしまい、しかも力んで、バットがボールの上をこすってしまったのだ。少なくとも犠牲フライを狙えるケース。杉浦に「かっこよく決めたい」という欲がわいてこなければ、確実にフライを打ち上げられたはずだ。時間にして0・1秒。そのぶんだけ杉浦は喜ぶのが早かった。結果的にヤクルトはこの試合を落とし、日本一を逃すことになったのである。

欲はたしかに必要だ。だが、最後は欲を捨てなければならない。すなわち、「欲から入って、いかに欲から離れるか」——ここが、ことに勝負事においては肝心なのである。欲を自制する能力を、セルフコントロールと呼ぶ。これを身につけることができるかどうかが、結果を大きく左右するのである。選手は自分の欲を捨て、チームが勝利するためにすべきことをきちんとまっとうすることが求められるのだ。すなわち選手育成の基本であるチーム優先主義の徹底なのである。

昨シーズン、西武戦だったと思うが、田中が完投して勝った試合で、私はあえて田中に注文をつけたことがあった。最終回、「最後は三振で終わりたい」と思い、力任せのストレート勝負に出たところを痛打され、あやうく逆転されそうになったからだ。自分の欲のためにチームの勝利をフイにすることは、将来エースと呼ばれるようになる投手にとって、絶対にあってはならない。そのことを理解させたかったのである。

ピッチングは繊細かつ大胆な気持ちが大切なのだ。

✔ 井川には「バッターを消せ」、福原には「キャッチャーを消せ」

現在はニューヨーク・ヤンキースに在籍している井川慶《けい》は、私が阪神の監督だったときにファームから引き上げた投手である。当時の阪神は、とにかく先発投手が不足していた。そこで、「誰か球の速いのを上げてくれ」と2軍監督だった岡田彰布《あきのぶ》に頼んだ。そうして1軍にやってきたのが井川だったのである。

ところが、当時の井川はたしかにボールは速いが、あまりにもコントロールが悪かった。いくら速いボールを投げても、現在のプロのバッターならかんたんに打たれてしまう。井川が1軍で活躍するためには、コントロールをつけることが絶対に必要だった。

要するに井川は、マウンドに立つと、ついバッターのことやボールカウントに気が行ってしまうのである。「ストライクを取らないといけない」と考えすぎて、制球を乱してしまうのだ。あるいは、コントロールを意識するあまり、肝心のストレートの威力を失ったところを痛打されるわけだ。

「だったら、いっそのことバッターを消してしまえばいい」

私はそう考えた。

井川と会話を重ねるなかで、私は彼がダーツ、的当てが得意であることを知った。ということは、コントロールが悪いわけはないのである。そこで私は言った。

「トップの状態になったら、ダーツをイメージして投げてみろ。矢野のミットを的だと思って投げろ。バッターが誰だとか、ボールカウントがどうだとかは、いっさい頭のなかから捨てて的当て投法だ。矢野のミットだけをめがけて思い切り投げろ」

そういってマウンドに送り出してみると、井川はなんと巨人相手に完投勝利を飾った。井川が名実ともにローテーションの柱となったのは、それからだった。的当てが井川を開眼させたといっても過言ではないと私は思っている。

井川が左のエースなら、右のエースに指名したのが福原忍《しのぶ》だった。私が阪神の監督になって最初のドラフトで入団してきた福原は、井川同様、ボールが速く、コントロールが悪かったのだが、彼の場合はミットをめがけて投げようという意識が勝っていた。気が弱いのか性格がやさしいのか、コントロールばかり気にかけていたのである。そのため、腕が縮こまってフォームが小さくなってしまい、ボールに威力がなくなっていた。

そんな福原に大切なのはなにより、「思い切って投げること」だと私は考えた。そこで福原を呼んで言った。

「視界からキャッチャーを消せ！」

なまじキャッチャーのミットを意識するから投げ方が小さくなる。ならば、いっそのこと「キャッチャーなんか見ないで、甲子園のバックネットをめがけて投げろ」と命じたのである。

✔ブルペンエースにはショック療法

的当て投法で自信をつけた井川がその後、球界を代表するピッチャーに成長したように、選手を育てるために大切なのは、何よりも自信をつけさせることだと私は思う。とくに実績のない選手は、自信をつけることで大きく化ける可能性がある。

ヤクルトの監督時代、山本樹《たつき》という左腕がいた。彼は、いわゆるブルペンエースの典型だった。ブルペンではすばらしいボールを投げるのに、実戦のマウンドに立つと、持てる力の半分も発揮できなかった。自信がないから、緊張してしまい、「ストライクが入らなかったら大変だ」とか「打たれたらどうしよう」とか、よけいなことばかり考えてしまうのだ。「このままでは同じことを繰り返すだけだ。どうすれば彼に自信をつけられるのだろう」

私は考えた。出てきた結論は、いわばショック療法とも呼ぶべき方法だった。ある試合で私は彼を先発に指名し、こう言った。

「今日ダメだったらクビだからな」

どんな言葉をかけても山本は緊張してしまい、それまで失敗を繰り返していた。それならば、どうせ緊張するのだからとことんまで緊張させてやれと考えたのである。あえてきつい言葉をかけることで極限まで追い込めば、さすがの山本も開き直れるのではないかと期待したわけだ。ある意味、賭《か》けであった。

その賭けはものの見事に成功した。それまで縮こまっていた腕が見違えるように振れるようになり、ブルペンで見られるようなボールを山本は投げ込んだ。

このピッチングがきっかけとなり、以降山本は中継ぎや左のワンポイントリリーフとして活躍。チームのピンチをたびたび救ってくれた。

とくに1997年の日本一に大きな貢献を果たしたのを憶《おぼ》えておられる方も多いのではないか。

もちろん、本番で力を出し切れない人間のすべてに対し、山本にしたようなショック療法が効果的というわけではない。人間の感じ方はそれぞれ違う。同じことを言っても、それで大きく化ける選手もいれば、傷ついてしまう選手もいる。だからこそ、自信をつけさせるにあたっても指導者たる人間は、選手をよく観察し、それぞれに適切な指導を行わなければならないのだ。まさに「人を見て法を説け」である。

✔目の色が変わった礒部

礒部《いそべ》については、いろいろといわれた。いわく「自分のことばかり考えている」、いわく「いてまえ打線と持ち上げられていい気になっている」、いわく「真のリーダーたりえない」……。

しかし、2008年のシーズンの礒部は大きく変わったように私には見える。ひとことで言えば、目の色が変わったのである。キャンプは2軍スタートとなったが、率先して練習に取り組むようになったのだ。2軍監督の松井からは「やっと自分がわかってきたようだ」との報告も受けた。

2006年のオフ、礒部はFA権を獲得した。そのとき、彼は「優勝できるチームに行きたい」と発言した。彼は複数球団から誘いがあるはずだと思っていたらしいが、声をかけてくる球団はなかった。翌年も再びFAとなったが、その年は不運な故障で2軍暮らしも多かったこともあって、結果は同じだった。

礒部にはショックだったろうが、同時にあらためて自分への評価というものを思い知らされたはずだ。

よく言うことだが、人間は自己愛で生きている。だから、自分に対する評価はどうしても甘くなる。適正なものではない。言い換えれば、他人が下す評価こそが、その人間の真の価値であり、評価なのだ。

それに自分の評価が正しいと思ってしまえば、「自分はよくやっている」という自己満足を生み、「このへんでいい」と妥協してしまい、「これが精一杯だ」と自分の力を限定してしまうことになる。

これではもはや成長は望めないのは当然である。

そのことに礒部はようやく気がついたようだ。心を入れ替えたのではないか。心が変われば考えが変わる。考えが変われば、野球に取り組む意識が変わる。楽天が優勝するためには、ベテランの礒部の力は必要不可欠だ。山崎《やまさき》とともに彼が率先して態度で手本を示してくれれば、若手選手の意識も変わってくる。だからこそ私は礒部に期待しているのである。

個人記録より、チーム優先主義の考えで行動し、チームの牽引車《けんいんしゃ》になってもらいたい。また、引退も近くなってきたことでもあり、引退後のビジョンをしっかり持って行動してもらいたいものだ。人生は自分で切り開いてゆくのだ。

✔ 満足→妥協→限定は再生の最大の敵

伸び悩んでいる選手はほとんどが「いわれなき自己限定」をしている。「自分はこれで精一杯だ」「自分の力はもはやここまでだ」と考えている。

そうなっては、もしかしたら眠っている才能をムダにしてしまうし、伸びるものも伸びなくなってしまう。

では、なぜ自己限定をしてしまうのか。低いレベルで「妥協」してしまうからである。壁にぶつかると、「おれはこんなもんだ……」とあきらめてしまう。それ以上の努力をしようと思わなくなる。中途半端に活躍している選手ほどこの傾向が強い。というより、そんな考えだから、中途半端な選手で終わってしまうのである。

それでは何がこうした妥協を生むのかといえば、その選手が「満足」してしまうからだろう。「自分はそこそこやれているじゃないか」「こんなに一所懸命やっているじゃないか」と現状に満足してしまう。時代的にも貧困や飢えを経験せざるをえなかった私と違い、いまの選手はどうしてもハングリー精神に欠ける。それで「これくらいでもういいや」と自己満足してしまう。

それに、自分をほめてやりたいというのは、人間の性《さが》でもある。だから、どうしても自分に対して甘くなってしまう。

だが、それでは成長や再生など望むべくもない。「満足→妥協→限定」は、成長や再生を妨げる最大の敵なのである。

金本知憲《かねもとともあき》がやってくるまでの阪神は、そんな選手ばかりだった。阪神は金本の加入で大きく変わったといえる。彼が率先垂範してチームの鑑となった。

これはプロ野球選手にかぎったことではないが、最近のスポーツ選手は「楽しみたい」とよく口にする。それはいいのだが、彼らが「楽しむ」という言葉のほんとうの意味を理解して話しているのか私にははなはだ疑問だ。

「楽しむ」という言葉は、じつは非常に深い言葉である。英語では「ＥＮＪＯＹ エンジョイ」というが、それは持てる力をすべて出し切るという意味合いが強いそうだ。すべてを懸けて全力を尽くしてこそ、「楽しい」のである。そこが「ＦＵＮ ファン」との違いなのである。最近の若い選手は、「楽しむ」という言葉を「ファン」の意味で使っているような気がしてならない。

だから低いレベルで満足し、妥協し、限定してしまうのではないか。それではプロではない。趣味でやる草野球にすぎない。お客さんに対しても失礼だ。

現役時代の私は、壁にぶつかったり、なかなか思うようにならない状況に陥ったりして、もがき苦しんだことが数え切れないほどある。

だが、それは「楽しい」ことだった。決して「苦労」とは思わなかった。好きな野球をやっていて、もっと技術を伸ばすために悩んだり、苦しんだりするのだから、それは「楽しい」ことだったのである。

いま述べたように、私には「貧乏から抜け出す」ことがモチベーションになったのだが、満たされきっているいまの選手は、「満足→妥協→限定」に陥らないようにするためのモチベーションを見出すことが難しくなっているのかもしれない。

だが、だからこそ、指導者はなんとかしてモチベーションが高まるような目標を与えることで選手にハングリー精神を叩き込んで、満足や妥協などできないような状態にし、本人が気づいていない才能に気づかせ、引き出してやらなければならない。それは指導者の務めである。それができない指導者は、人を育てたり、再生させたりすることはできない――。

✔スタートは意識改革

組織づくりで、最初に私が行うことは何か。
それは「意識改革」である。「考え方が変われば行動が変わる」。
この言葉はヒンズー教にある、

心が変われば態度が変わる、
態度が変われば行動が変わる、

行動が変われば習慣が変わる、
習慣が変われば人格が変わる、
人格が変われば運命が変わる、
運命が変われば人生が変わる。

という教えを私なりに解釈したものだが、意識が変われば野球に対する取り組みが変わり、プレーも変わるという意味である。

これは野球にかぎったことではないはずだ。

加えて、弱いチームには〝負け犬根性〟が染み付いている。「どうせおれたちは強いチームには勝てないんだ」とか「いくら一所懸命やったところでたかがしれている」というふうに、負けて当然という意識から離れられない。

これでは勝てるものも勝てなくなる。

したがって、まずはそうした負け犬根性を振り払い、考え方を変えさせるとともに、「この監督についていけば絶対に勝てる」と思わせなければいけない。

言い換えれば、いかに選手の信頼を勝ち得るか。それが最初の仕事なのだ。

そこで重要になるのが、最初のキャンプである。私はこの春季キャンプをいかに過ごすかでその後のすべてが決まるといっても過言ではないと考えている。

ヤクルトでも阪神でも、キャンプでは毎晩ミーティングを行った。シーズンオフを経た選手たちは決意を新たにしているし、頭が新鮮だから集中力もある。

まして監督が代われば「今度の監督はどんな人物なのだろう、どんな野球をしようとしているのだろう」とおおいに興味を持っている。そこで、野村野球とはいかなるものか、野球論、技術論、作戦論などを叩き込むとともに、人生についても〝野村の考え〟を教え込んでいくわけだ。

ヤクルトではこれが奏功した。このときは選手たちにメモをとらせながらミーティングを進めていったのだが、選手たちは目を輝かせ、身を乗り出して私の話を聞いていた。

「野球というのは、そうやってやるものなのか」

驚いている気配が伝わってきた。当時のヤクルトは弱かったし、人気では同じ東京を本拠地とする巨人に遠くおよばなかった。だから、選手たちは「なんとか強くなって見返してやりたい」と強く思っていた。

それから3年目にヤクルトが優勝できたのは、このキャンプが土台になっているのは間違いない。

対照的に、阪神で失敗したのはこの最初のキャンプで思うような成果を得られなかったことが大きい。阪神の多くの選手たちは、私の話を聞いていなかった。私が横着してあらかじめテキストを配り、それをもとにミーティングを進めていったこともあり、ほとんどの選手がメモすらとらなかった。

学校の勉強と同じで、やはり自分自身で手を動かさないと身につくものではないのである。

むろん、楽天でも毎晩ミーティング漬けにした。阪神時代の反省から、私が話したことを選手に書き留めさせるかたちで行った。ただし、今回はホワイトボードではなく、プロジェクターを使った。スタッフが、前日に私が伝えておいた〝講義〟の内容をパソコンに打ち込み、それをプロジェクターに映しながら私が話をした。

幸い、楽天の選手たちの姿勢は、ヤクルトの選手に近いものがあった。素直に私の話を聞いてくれていたように見えた。

「このチームはおれに合っているのかもしれないな」

私はそう思った。

✔足りない戦力

とはいえ、背番号19をつけてグラウンドに立った私の目に入ってきた光景は、酷《ひど》いものだった。

就任前、「文字どおりゼロからのスタート」と語り、「苦労の渦に飛び込むようなもの」とそれなりの覚悟はしていたが、チームの惨状は私の想像を超えていた。

とにかく戦力が足りない。

投手では岩隈《いわくま》久志という計算できるエースと、成長が期待できそうな2年目の一場靖弘《いちばやすひろ》の先発2枚、抑えとして実績のある福盛《ふくもり》和男はいたものの、ほかはまったくの未知数。

打線にしても、戦力になりそうなのは山﨑武司《たけし》と礒部公一《こういち》、そして西武ライオンズから移籍してきたホセ・フェルナンデスと千葉ロッテマリーンズでプレーした経験を持つリック・ショートくらい。

あとは関川浩一、飯田哲也のベテランがいる程度といっても過言ではなかった。選手個々としても、チームとしても、とても戦えるような体制ではなかった。

もっとも深刻だったのは、「チームの中心」がいないという現実だった。

「中心なき組織は機能しない」――これは、長年の経験で得た私の信念である。強い組織づくりには、中心となる存在が絶対に欠かせない。繰り返しいろいろなところで述べていることだが、私のいう「中心」は、プレーだけでなく、私生活も含めたすべての面でほかの選手の鑑となる存在であることが求められる。

なぜなら、中心選手の意識と言動がほかの選手に大きく影響するからだ。言い換えれば、チームが正しい方向に向かうか、それとも破綻《はたん》するかは、中心選手にかかっている。「中心なき組織は機能しない」とつねづね私が口にする所以である。

阪神ではこれで苦しんだ。

当時の阪神にはそういう選手がいなかった。今岡誠など、実力的には近い将来中心を担えそうな選手はいないこともなかったが、いかんせん、私が強くいっても言動はあらたまらなかった。

私が監督を退いたあと、阪神が優勝できたのは、金本知憲という「中心」を得たことが大きかったと私は見ている。金本がやってきたことで、ほかの選手の意識と言動が目に見えて変わったからだ。

✔ 中心の不在

楽天にもやはり、「中心」はいなかった。いわば寄せ集めの新しいチームだからしかたがない。だが、逆にいえば新しいチームだからこそ、手本となるべき「中心」ができれば、なまじ中途半端な〝伝統〟に染まっていないだけに、よい方向に進んでいく。だからこそ、なおさら鑑となるべき中心選手が楽天には必要だった。

たしかに岩隈と山﨑という投打の軸はいた。が、岩隈はすでにキャンプの段階で肩の状態が思わしくないことを訴えていたし、性格がおとなしい。

山﨑には——その後、その役割を見事に果たしてくれることになるのだが——年齢というネックがあった。中心選手はつねにグラウンドに立っていることが求められる。岩隈も山﨑も1年間通してチームを牽引するのは厳しいのではないかと思われた。

当時、楽天のチームリーダーと目されていたのは礒部公一だった。

大阪近鉄バファローズの主力選手のひとりであり、近鉄のオリックスへの吸収合併の話が浮上した際には、近鉄の選手会長として古田敦也《あつや》率いる日本プロ野球選手会とともに合併阻止の運動を展開。楽天でも選手会長を務めていた。

しかし、少なくとも私の目には礒部は真の意味での中心たりえないように映った。ひとことでいえば、「チーム優先主義」という考えがなかった。

これは私が現役のころからそうなのだが、近鉄というチームはずっと「個人記録優先主義」で野球をやっていたように思えた。「自分が打てばいいだろう、自分が勝てばいいだろう。それがチームの勝利につながるのだ」という考えで……。

しかし、野球はチームスポーツである。

野球の本質を選手ひとりひとりが理解したうえで持てる力を結集させ、一丸となって闘わなければならない。そうすれば、たとえ個々の力が劣っている弱いチームであっても、巨大な戦力を持つチームに対抗することができる。

そのためには、選手は「自分が打つことが、投げることがチームのためになる」と考えるのではなく、「チームが勝つためには自分は何をすればいいか、何ができるか」をつねに念頭に置かなければならない。

自分の記録を意識する前に、チームが勝つにはどうすればいいのかを最優先して試合に臨むことが大切なのだ。

チームの中心は率先してそのことを態度で示すことが求められる。

この点で礒部には不満が残った。近鉄時代、〝いてまえ打線〟と呼ばれて持ち上げられたこともあって、そういう近鉄の悪しき伝統から抜け切れていなかった。

こんなことがあった。ノーアウトランナー2塁という絶好のチャンスで左打者の礒部に打席が回ってきた。相手は右ピッチャーである。礒部くらいのベテランになれば、ふつうは右方向に飛ぶ確率の高いインコースの高めを待つはずだ。

ところが礒部は初球から、よりによって外角の難しいボールに手を出した。結果はファールフライ。どんな顔でベンチに帰ってくるかと見ていたら、「惜しかったな」などとつぶやいている。これではとても中心としての役割を担うことはできないとあらためて判断せざるをえなかった。

✔無形の力を養う

が、こうしたこと以上に私を落胆させたのは、選手たちが何も考えないで野球をやっているとしか思えなかったことだ。

楽天の選手たちは、いわば拾われた選手たちである。だから、阪神の選手のように甘やかされてはいない。過信も勘違いもしていない。みな非常にまじめではあった。

けれども、野球とは何たるかということをまったく理解していないようだった。「ただ力いっぱい投げればいい、打てばいい」――そんな考えで野球をやっているように私には見えた。おそらくそれまで野球について深く考えたことがなかったのだろう。

意図のある配球とは何か、打席にどのような考えをもって臨めばいいのか、走塁とは、守備とは、何か。そうした野球の本質を理解しないで野球をやっていた選手たちばかりであった。「今日は調子がいいから勝てそうだな」とか「不調だから負けてもしかたない」――そんな気分野球が楽天の野球だった。知力・体力・気力のうち、体力と気力に左右される野球である。

だが、プロとしてこの三つは持っていて当然。それを問題視せざるをえないなどというのは、じつに嘆かわしいし、悲しいことである。

したがって、まずは考えることの重要性を認識させ、その力を養わなければならない。そのために私は、「無形の力を養う」ということをチームスローガンに掲げた。

無形の力とは、読んで字のごとく、「かたちのない力、目には見えない力」のことである。たとえば技術力。これは目に見える「有形の力」といえるだろう。だが、こうした有形の力には限界がある。そのことは、いくらすばらしい成績をあげている選手ばかりを集めても、必ずしも優勝できるわけではないという事実が雄弁に物語っている。

逆にいえば、ここにチームスポーツとしての野球のおもしろさがある。やり方次第では弱者が強者を倒すことができるのである。そして、そのために必要不可欠なのが無形の力なのだ。

野球は「間」のスポーツである。一球一球、ゲームが切れる。このことは、「そのあいだに考えろ、備えろ」といっているのだ。一球ごとに移り変わる状況のなかで、考えられるかぎりの作戦のなかから成功する確率のもっとも高いものを選択する。そのための時間が与えられているのだと私は考えている。

そのときにモノをいうのが無形の力なのである。

事前にあらゆるデータを収集し、分析し、相手をよく研究して入念に準備する。そして、これらをもとに、置かれた状況をよく観察して見極め、おたがいの心理状態や力量を探り、判断し、最適の作戦を選択し、決断する。

たとえば、相手チームがほんとうにサインを出しているかはサードコーチを見ればわかる。サードコーチが1塁ランナーにジェスチャーを示しているとき、すべて終わりきらないうちにランナーが目をそらしたら、これはサインが出ていると考えていい。出ていないなら、こちらを欺くために最後まで見ているはずだからだ。

また、コーチが流れるようなジェスチャーをしているときは、嘘のサインであることが多い。ほんとうのサインなら、キーとなる動きを正しく理解させるために、そこだけはゆっくりめになるからである。

こうした能力はかたちにならない。というより、相手には見えていない。だが、こうした力を重視し、おおいに活用して臨むチームのほうが、有形の力だけに頼るチームよりはるかに強い。結集した無形の力の前には技術力など吹き飛んでしまうというのが私の考えだ。はっきりいって、楽天は「弱者のなかの弱者」である。だが、無形の力を駆使すれば、そんな弱者であっても強者に変貌《へんぼう》させることは決して不可能ではない。だから楽天のスローガンにも掲げたのだ。

✔ 野村野球とはプロセス

「野村野球とはどんな野球か」

私のもとでプレーする選手は、いろいろなところで必ずそう聞かれるそうだ。とくに社会人野球チーム・シダックスの監督だったころは、練習中に選手たちが相手チームの監督やコーチからよく質問攻めにあっていた。私がどういうことを教えているのか知りたがったらしい。

では、私自身は「野村野球」をどのようなものだと認識しているのか。ひとことでいえば、「プロセス重視」ということになる。

プロ野球は結果がすべて。勝てば官軍の世界といっていい。つねに結果を求められるし、それで評価が決まる。人気が出て、商売になる。だから、指揮官はなにより結果がほしい。そのため、選手をほめておだてあげ、のびのびと自由にプレーさせようとしたり、他球団から強打者や好投手を集めたりして、手っ取り早く勝とうと考える。

しかし、結果の裏側にあるものは何だろうか。

「プロセス、過程」にほかならない。「プロフェッショナルのプロ」とは、「プロセスのプロ」でもあると私は思っている。きちんとしたプロセスを踏むからこそよい結果にたどり着くことができるし、結果を出すためには、どのようなプロセスを歩むかということが重要になると私は信じている。

正しいプロセスを踏んでこそ、その組織はほんとうの意味で強い組織となるのであり、それが真理であることは、どんなに自由に気持ちよくプレーさせたとしても、あるいはいくらいい素材を集めたとしても、1回は勝てたとしても勝ち続けることはできないという現実が示している。

したがって、楽天の選手たちに私が口を酸っぱくして訴えたのは、「一に準備、二に準備」ということだった。準備の大切さ。これをやかましいほど私は説いている。たとえばバッターボックスに入るとき、いかなる準備をするか。得点差、アウトカウントやボールカウント、ランナーの有無といった状況。相手投手の特徴、タイプ、心理状態……。さまざまな条件を考慮したうえで臨むのは当然である。その結果、「ストレートを狙う」と判断したとする。ほとんどの選手はそれで終わりだろう。しかし、私にいわせれば、これだけでは充分に「準備が整った」とはいえないのだ。さらに「ストライクのストレートだけを狙う」とか「上から叩く」とかいった「二段構え」の準備をしてこそ、はじめて「準備が整う」のである。

ここまで準備してこそ、一発必中で打ち返す確率が高くなるわけだ。逆にいえば、そのくらいの準備をして打席に臨まなければ、プロの投手の球を打ち返すことなどかんたんにはできないのである。

いやしくもプロの投手であるならば、かんたんに打てるようなボールはそうそう投げてこない。1打席に1球あればいいほうだ。ましてエース級のピッチャーなら、なおさらその確率は低くなる。とすれば、失投をいかに打つかがカギとなる。それなのに、数少ない失投を打ち損じてしまえば、もう相手ピッチャーのペースになってしまう。つまり、失敗は許されない。

逆にいえば、絶対に失投を見逃さないのがよいバッターなのだ。

だからこそ、失投を確実に捉えるために備えが必要なのである。全神経を集中させて、準備をすることが大切なのだ。「敵を知り、おのれを知れば、百戦危うからず」と孫子《そんし》が説くとおりである。打席の前から戦いははじまっているのだ。

✔準備とは意識付け

準備とは、言葉を換えれば、「意識付け」である。どれだけ意識付けを徹底させることができるか。それが結果に直結するわけだ。

意識は「無意識」と「有意識」とに分けられる。このふたつは「潜在意識」と「顕在意識」と言い換えてもいいが、専門家に聞いたところでは、人間の行動は9対1で無意識に左右されているそうだ。つまり、脳は1割程度しか働いていないらしい。

「来た球を打つ」のが無意識とすれば、「狙い球を絞ったりする」のは有意識のなせる業である。ということは、有意識の占める割合が高くなればなるほど、それだけ無意識で打つより成功する確率は高くなるはずだ。

たとえばボールカウントには12種類あるわけだが、初球は投手も打者も五分五分であるといっていい。しかし、1球目がホームベースを通過し、キャッチャーのミットにおさまった瞬間に状況が変わる。

ストライクならピッチャーが一気に優位に立つが、ボールになった場合は次はストライクを取りに来るはずだから、バッターが有利になる。そうしたことを事前に意識しているだけでも、結果は大きく違ってくるはずだ。

先ほどあげた「ストレートを狙う」ケースで、それ以上の準備をしないで、つまりほとんど無意識で対峙《たいじ》しようとすれば、往々にして難しい低めのストレートに手を出したり、高めのボールを打ち損ねて凡フライを上げる結果になってしまうだろう。

守るときはなおさらだ。たとえば1死満塁で内野ゴロが転がった。

このときもホームでランナーを刺すのか、それともダブルプレーを狙いにいくのか、どちらがベターなのかは事前に意識付けがきちんとなされていなければ、とっさには判断できない。捕手の配球などは、その最たるものだ。

ところが、楽天の多くの選手は試合中、ただ漠然とゲームを眺めたり、休んだりしていることが多かった。そして打席が回ってくると、おもむろにバットを取り上げ、ただスコーンと打つだけ。だが、それではダメなのだ。

つねに相手バッテリーの動きや配球をチェックし、その意図を考え、周到な準備をしておかなければいけない。だからこそ私は、「備えあれば憂いなし」といって、準備すなわちプロセスを重視した指導を徹底しているのである。

もちろん、充分に準備をしたからといって、必ずしも成功するとはかぎらない。だが、成功する確率ははるかに高くなる。繰り返すが、野球は確率の高いほうを選択するスポーツである。強者なら天性だけで向かっても打てるかもしれないが、弱者が勝つためには、あらゆる準備をして臨まなければ太刀打ちできない。

そのために意識付けが必要なのだ。

✔ 交流戦の好成績はデータの勝利

「ＩＤ野球」と呼ばれるように、私はデータを重要視する。その理由は、データは意識付けに大きな効力を発揮するからである。データこそ、準備の根本をなすものだといっても過言ではない。

誰もが長嶋茂雄のように「無意識で来た球を打てる」ならデータはいらない。１６０キロを超える豪速球と鋭いカーブをつねに狙いどおりのところに投げられるピッチャーならば、配球など考える必要はないかもしれない。が、現実にはそんなピッチャーはいないし、ほとんどのバッターは長嶋ではない。

そこでデータが必要になってくるわけだ。

どんなバッターにも、そしてピッチャーにも、それなりの傾向というものがある。たとえばバッターには、直球を待ちながら変化球にも対応しようとするA型、内角か外角、狙うコースを決めているB型、ライト方向かレフト方向か打つ方向を決めているC型、球種にヤマをはるD型の四つのタイプがあるし、ピッチャーにも「こういうときにはインコースにはこない」とか、「変化球を多投する」など、そのピッチャーならではの特徴がある。とすれば、あらかじめ相手の傾向を知っておけば、どのように対応するか予測しやすくなる。正確に予測できればそれだけ攻略する確率は高くなるし、逆に相手の力を封じることも可能になるわけだ。

もちろん、そうした傾向はイニングや得点差、アウトカウントやボールカウントといった状況によって変わってくる。そこで私は、スコアラーに命じて各チームのバッターそれぞれについてヒットゾーン、凡打ゾーン、空振りゾーンなどを明らかにするとともに、状況に応じた傾向――たとえば大ファールを打ったあと、同じ球を待つのか、それとも狙い球を変えるのかといったこと——を徹底的に洗わせ、各バッテリーについてもカウント別、状況別の配球を調べるとともに、相手監督の作戦傾向まで、徹底的に分析するようにしている。

2006年の楽天は、2年連続の最下位に終わることになるのだが、交流戦では17勝19敗と互角に近い成績を残した。その理由は、データの活用にあったと私は思っている。

私はヤクルトと阪神というセ・リーグのチームで12年間指揮を執っていたし、シダックスの監督時代も見るのはやはり巨人戦を中心とするセ・リーグのゲームが多かった。だから、ヤクルトと阪神はもちろん、ほかのセ・リーグのチームがどんな野球をするのかはだいたいわかっていたし、データもあった。

それゆえそれに則《のっと》った的確な指示を出すことができた。対して、セ・リーグの各球団は楽天のデータなどほとんど持っていなかったに違いない。持つ必要もないと思っていたのではないか。その差が、17勝19敗という数字になって表れたと思うのだ。

✔ 分析・観察・洞察・判断・記憶

ただし、もちろんデータは万能ではない。データを妄信するのは自殺行為につながる場合もある。データはあくまでも無形の力を構成するひとつの要素にすぎない。

無形の力をあげていけばきりがないが、あえてまとめるとすれば、「分析」「観察」「洞察」「判断」「記憶」ということになろうか。

データはそのうちの「分析」の根幹をなすものである。あくまでも「スタート地点」。ここを間違ってはいけない。

これを補うのが「観察」だといっていい。観察とは、いわば目に見えるものから情報を引き出す力である。グラウンドにはさまざまな情報が転がっている。たとえば、打席に入るときの打者のしぐさ。ステップのしかたや肩の動き、見逃し方などを注意深く観察していれば、打者の狙いはだいたい見当がつく。

こうしたさまざまなことから有益な情報を引き出せるかどうかでかなり結果は違ってくる。目に見えるものから情報を引き出すのが観察なら、「洞察」は目に見えないものを読む力である。その最たるものが心理を見抜く力だろう。

人間の行動はそのときの心理状態に大きく左右される。

データではこういうときはこういう行動をとる傾向があると示されていたとしても、そのときの好不調や心理状態などによって行動は微妙に変化するはずだ。にもかかわらず、データだけを信用しては、痛い目を見る可能性が高い。洞察力があってこそ、データもまた活きるのである。

そして、こうして得たさまざまな情報をもとに、最善策、すなわちもっとも成功する確率が高いものは何かを選択するのが「判断」であり、その正解率は、蓄積された「記憶」の量が多ければ多いほど高くなる。ということは、それだけ勝ちを拾う確率も高くなるのである。

✔無形の力の結晶、イチロー攻略

そんな無形の力が理想的なかたちで結実したケースをひとつあげよう。ヤクルト時代の1995年、オリックス・ブルーウェーブとの日本シリーズである。

このシリーズでヤクルトが勝利するためのカギは、前年に彗星《すいせい》のごとく現れたイチローをいかに封じるかということにあった。

逆にいえば、イチローを抑えなくてはヤクルトの勝利はありえなかった。

私はシーズン終盤からほぼ全員のスコアラーを派遣し、徹底的にイチローのデータを集めさせ、攻略法を考えさせた。だが、スコアラー陣から返ってきた答えは「お手上げです。弱点はありません。ある程度打たれるのは覚悟してください」。

「それでもプロか！」と激怒した私はもう一度データを収集・分析させたが、答えは同じだった。じつは、私自身もその結果を覚悟していた。私から見ても、イチローに弱点は見当たらなかったのだ。

だが、だからといってイチローを野放しにすれば、勢いやムード、流れはオリックスにいってしまう。なんとしても攻略しなければならなかった。

考えた末、出てきた結論は「困ったときは原理原則に返る」ことだった。すべての打者に通用するオーソドックスな配球で勝負することにしたのである。

どんなバッターでも1―0もしくは1―1のボールカウントで真ん中からやや外角よりの低めに落ちるボールを投げれば引っ掛けてゴロにする確率が高かった。ワンストライクを取られると、どんなに選球眼のいいバッターでも、ホームベース上を通る高めと低めのボール球には手を出した。

ならばイチローといえども、追い込んでからストライクゾーン周辺のボール球で勝負すれば引っ掛かるはずだ。

そういう確信が私にはあった。

ただし、それには早めに追い込むことが絶対条件である。が、データによればイチローは早いカウントから打ってくるタイプ。不用意なストライクは命取りになる。そのためには、なんらかの対策が必要だった。

私はメディアを利用することにした。シリーズ前、イチロー攻略法を訊かれるたびに私は、「カギはインハイにある。どんどんインハイを攻める」と発言した。

だが、私は古田敦也らバッテリーに必ずしもインハイ攻めを指示したわけではない。つまり、この発言は、私の得意な「ささやき戦術」だったのだ。ことあるごとにインハイ攻めを公言することで、イチローに「内角高めを攻めてくる」と意識させようとしたのである。さらに、「イチローは打つときに右足がバッターボックスから出ている。違反だ」と挑発した。心理的にゆさぶりをかけるためだった。

結果をいえば、このシリーズのイチローは24打席19打数5安打だったが、第1、2戦はほぼ完璧《かんぺき》に抑え、ヤクルトは敵地で連勝した。そして、4勝1敗で日本一を達成することができた。

私の見たところでは、やはりイチローは古田をおおいに意識していた。その証拠に早打ちのイチローが様子を見るために初球を見逃すことが多かったし、私の見たところ右肩が開き気味だった。明らかにインコースに意識がいっていた。

それに、当時のトレードマークだった「振り子」、すなわち右足の振り幅がいつもより小さくなっていたし、体重が微妙に踵《かかと》にかかっていた。

これらも内角攻めに対応するためだったと思われる。確実にイチローの心理状態は乱されていたのである。

私の意を受けた古田の観察力と洞察力も見事だった。古田は1球ごとにイチローの打席のなかでのちょっとした動きも見逃さず、狙い球や心理を読んで、インハイを意識させながらも各ピッチャーの特長を活かした配球を巧みに組み立てた。

無形の力を総動員した結果が、イチローを封じることになり、ヤクルトに日本一をもたらしたといっても過言ではない。

✔ 選手の適性を見抜き、適所に起用

2008年のシーズンも巨人はまたも大型補強を敢行した。「相変わらずだなあ」と私は感じたが、ただ、これまでの4番打者ばかりを集めるような無計画な補強と違うのは、それなりに的を射ているということだ。

巨人の弱点はやはり先発陣だ。昨年は上原浩治《こうじ》が抑えに回ったことで、分業システムは確立されたが、そのぶん、先発の駒が足りなかった。

そこで、ヤクルトから最多勝のグライシンガーを獲得するとともに、横浜のクローザー、クルーンを加えることで上原を先発に復帰させた。

昨季高橋由伸《よしのぶ》を1番に配した打線も、打点王ラミレスの加入で破壊力がアップし、ジグザグ打線も形成できることになった。もちろん、守備の不安や原監督が掲げていたスモールベースボールと齟齬《そご》をきたすなど課題は多いが、これまでに較べれば、ほんの少しとはいえ、適材適所のチームに近づいたのは事実である。

そう、ようやく巨人も気がつきはじめたように、強い組織をつくるためには、適材を適所に配置することが非常に大切なのだ。

どんな組織もそうだが、何人か集まればそれぞれの役割が発生する。

それぞれが自分に与えられた責任をまっとうすることで、組織は有機的に結びつき、人数以上の力を発揮する。そこが組織のおもしろいところであり、難しいところである。

野球には九つのポジションと打順があり、それぞれの役割は違う。それを無視して、たとえば4番バッターばかり集めたとしても機能するわけがない。

むしろ、素質には恵まれなくても、それぞれの役割に適した選手を起用し、自分の仕事をきちんと果たしてもらうほうが、よほどうまくいく。言い換えれば、適材を適所に配置すれば、たとえ個々の戦力は劣るチームであっても、素質はあっても自分勝手にふるまう選手が集まったチームよりも、強いはずなのである。

したがって、指導者にはそれぞれの人材をよく観察し、彼らの個性を理解するとともに、適性を見極めるだけの眼力ともいうべきものが求められる。

同時に、それぞれの選手はほんとうに自分を活かせる働き場所を与えられているのか、つねに気を配らなければならないだろう。これなくして、組織を生き返らせることなどできるわけがないと私は思う。

✔フォア・ザ・チームの徹底

強い組織をつくるために、もうひとつ徹底させなければならないのが、「フォア・ザ・チーム」、すなわちチーム優先主義だ。

じつは、当初楽天で苦労したのもそこだった。というのは、ご承知のように、楽天には近鉄の残党が多い。礒部について先に触れたが、礒部にかぎらず、近鉄にいた選手は自分の記録を上げることを第一に考える選手が多いのだ。

近鉄出身者だけでなく、最近は「まず自分が打つこと。それでチームに貢献したい」とか「自分が勝ち星をあげれば、それだけチームの成績も上がる」といった発言をする選手が多い。とくに弱いチームの中心選手に多々見られる。

だが、楽天のような弱いチームの選手がそういう考えで野球をやっていては、勝てるわけがないのである。

人間は自分がかわいい。だから、どうしても個人成績が気にかかるのは当然だ。それに、多くの球団は打率、ホームラン、打点、投手なら勝利数やセーブ、防御率といった目に見える数字をもとに選手を評価するから、給料を上げるためには記録を上げなければならない。弱いチームではしかたのない面もあるし、「自分が打つことが、チームの勝利に貢献することになる」という考え方自体は私も否定しない。

だが、「自分が打つことが、勝利投手となることがチームのためになる」という考えと、「チームのために打つ、勝つ」というのは、微妙だが明らかに意味が違ってくる。前者は個人記録優先主義、後者はチーム優先主義といっていいだろう。

野球は団体競技である。選手それぞれが自分の役割をしっかり認識し、まっとうすることがいちばん大切だ。

それが一丸となって戦うという意味にほかならない。各自がそれを忘れ、自分の記録のためにプレーしてしまえば、力が分散し、チームは崩壊する。

したがって選手は、記録よりチーム優先を考えて試合に臨むべきなのだ。すなわち「フォア・ザ・チーム」「自分はチームのために何をすべきなのか、何ができるのか」を第一に考えなければならないのである。

「自分の記録よりチームの勝利」「チームが勝つためにヒットを打ち、勝ち星をあげる」ことが大切であり、その結果、記録も伸びるというかたちになるべきなのだ。実際、私の経験からいってもチーム優先の考えで打席に臨むほうが結果もよいことが多いのである。

だからといって、チームは〝仲良し集団〟になってはいけない。

弱いチームは往々にしてそうなりがちだ。V9時代の巨人は、まずいプレーをすると味方からも厳しいヤジが飛んだという。

ヤクルトの監督になったばかりのころ、ある選手がミスをしてベンチに帰ってくると、控えの選手が「ドンマイ、ドンマイ」といって元気づけようとした。美しい光景に見えるかもしれない。だが、それを聞いた私は烈火のごとく怒った。

「ミスを笑って許すとは何事だ！　そんなだから同じ過ちを繰り返すのだ。傷をなめあうのはアマチュアのすることだ。戦うプロの集団がすることではない！」

以来、ヤクルトでは慰めの言葉はいっさい禁止された。そればかりか、いつしかひとつのプレーをめぐって選手同士で口論すら起きるようになった。そして、そうしたことが頻繁に起きるのに比例して、成績も上がっていったのである。

✔人間的成長なくして技術的進歩なし

では、いかにしてフォア・ザ・チームを浸透させるのか。それにはやはり、人間教育が大切だと私は思っている。

「人間的成長なくして技術的進歩なし」——ミーティングで私は選手たちによくいう。「人間」という字は「人の間」と書く。これは、「人の間にあってこそ、人のためになってこそ人間と呼べる」のだと私は理解している。「人」という字も、人は支えあわなければ生きていけないことを示している。つまり、「他人があってこその自分」という謙虚な気持ちを持てということだと思う。

野球選手というものは、自分ひとりの力でここまでやってこられたと考えがちだ。だが、そんなことはありえない。

他人からさまざまな恩恵を受けている。

たとえば、打点の多くはランナーがいるからこそ生まれる。

その背景にはなんとかあとにつなげようと四球を選んで出塁したり、バントでランナーを得点圏に進めた選手がいる。ヒットやホームランを打って打率を上げられたのも、アドバイスをくれたコーチや、データを収集・分析したスコアラー、練習相手を務めてくれた打撃投手をはじめとする裏方が果たした役割は少なくないはずだ。

ピッチャーにしても、好リードをしてくれるキャッチャーやきちんと守ってくれた野手、ブルペンキャッチャー、コーチなどがいるから、勝利投手になれる。自分の力だけで打った、抑えたというのは錯覚であり、傲慢《ごうまん》というしかない。

選手はそのことを忘れてはいけない。

だからこそ監督や指導者は、選手が謙虚さや素直さを知らずにいるなら、きちんと教えなければいけない。

おのれを過信しているなら、正さなければいけない。選手である以前に、人間としての生き方を説いてやらなければいけないのである。

選手ひとりひとりのそうした意識が積み重なってこそ、真のフォア・ザ・チームの精神につながっていくからだ。

第二章

楽天的、意識改革

✔フロントの意識改革

文字どおりのゼロからのスタートとなった楽天での1年目は、やはり最下位を脱出することはできなかった。いかんせん、それまで野球とは何かについて考えたことすらなかった選手たちである。

だから、キャンプ中から毎日ミーティングを行い、知力を伸ばし、その力を活かすことの大切さを訴えた。結果として接戦をモノにすることが多くなり、勝ち星も10近く増えたとはいえ、私自身、選手の能力や特性を見極めること、つまり畑を耕し、種を蒔《ま》くことだけで精一杯だったこともあり、そうした考える野球、無形の力が浸透したとはとてもいえなかった。

しかも、頼りにしていた岩隈が故障でシーズンのほとんどを棒に振り、山﨑の潜在能力が目覚めるにはまだ時間が足りなかった。エースと4番不在で戦わなければならなかったのだ。戦力不足はいかんともしがたかった。

チーム強化には監督やコーチ、すなわち現場の力だけでは不可能だ。球団のバックアップ体制が必要不可欠なのである。

監督就任と同時に、選手たちに意識改革を迫る私だが、それは何も選手だけにかぎらない。ヤクルトでも阪神でも、私はフロントにも同様のことを求めてきた。とくに編成セクションには直接厳しくいった。

というのも、編成は球団のいわば心臓だからである。チーム強化というものは、補強と育成の両面でなされなければならない。

このふたつがうまくかみあってこそ、チームは強くなるのである。育成は監督やコーチ、すなわち現場の人間の仕事といっていい。もうひとつの補強を担当するのが編成である。

弱いチームは往々にして編成部が機能していない。

卓越した個人技を持つ選手が揃えばすぐに強くなるはずだと、適材適所を無視して同じような選手ばかり獲得したり、現場では即戦力がほしいといっているのに、高校生を指名したりすることが頻繁に起きる。

そして、結果が出ない理由を「現場に育てる力がないからだ」という。

そうなれば当然、現場は「必要ないい選手を獲ってこないからだ」と反発することになる。つまり、編成と現場に意思の疎通ができていない。

これでは強くなるはずがないのだ。

✔アスレチックスとレッドソックスの強さの秘密

余談になるが、2008年、ボストン・レッドソックスと開幕戦を行うために来日したオークランド・アスレチックスというチームは、メジャーリーグのなかでも貧乏球団として知られている。

したがって、スター選手はほとんどいない。にもかかわらず、毎年のようにプレーオフに進出している。

その秘密は、まさしくスカウティングにあった。従来のスカウトの経験や勘による選手評価を排し、徹底的なデータ主義を採用したのである。

これは、1997年に就任したゼネラルマネージャーのビリー・ビーンが打ち出したものだが、貧乏球団ゆえ、アスレチックスはドラフトで目玉となるような選手の獲得は金銭的にあきらめざるをえない。

とすれば、トレードも含めていかにほかのチームが目をつけない埋もれた才能を発掘するかがカギとなる。このとき、選手の評価の基準となるのが客観的なデータなのだ。

といっても、アスレチックスが重視するのは、得点圏打率や打点、防御率といった誰もが注目するようなデータではない。

これらは偶然や周囲の環境に左右されることが多く、必ずしもその選手の実力を示すものではないからだ。

また、足の速さや球速、失策率もそれほど重視しない。目をつけるのは、打者ならば長打率と出塁率、そして出塁率に大きな影響を与える選球眼。投手なら被本塁打や与四球の少なさと奪三振の数である。

これまでの膨大なメジャーリーグのデータを解析した結果、これらの数字がチームの勝率ともっとも大きな相関関係を持っているのだという。

そして、現場でもこうした要素を持つ選手たちの能力を最大限に発揮させるような野球を展開する。打者はなによりも四球を選んで出塁することが奨励され、アウトをただで進呈する犠牲バントや失敗の可能性がある盗塁は極力しない。

そうして長打を待ち、効率よく得点し、守っては逆に四球や長打を出しにくいピッチャーを重用することで、相手の得点チャンスの芽を摘むわけだ。

私には必ずしも頷《うなず》けるものばかりではないが、現にアスレチックスはこうした独自の指標をもとにドラフトやトレードでほかのチームが見向きもしない選手を「安く買い」、多大な費用対効果をあげているのである。

そして、そうした選手の才能が開花したら、今度は「高く売りつける」わけだ。

ちなみに、かつては巨人のように毎年有力選手を多数集めながら、なかなか優勝できなかったレッドソックスが近年好成績を残しているのも、2002年にビリー・ビーンを師とあおぐセオ・エプスタインをGMに迎え、データを駆使した同じような独自の基準により選手を採用するようになったことが大きいといわれている。

岡島秀樹の獲得を決めたのも、そうした指標のひとつ——三振数÷与四球数——が高かったことが理由だという。また、ミネソタ・ツインズではそれほど評価されていなかったデビッド・オルティーズも、出塁率と長打率の高さに注目して入団させた選手である。

✔ エースを獲ってくれ

話を戻す。

アスレチックスやレッドソックスの評価基準がほんとうに正しいのかは別にして、ことほどさようにいかなる選手を獲得するかということ、すなわち編成の仕事はチーム成績に直結するのである。

だから私は、監督になると編成セクションの人間と積極的に対話を持つ。私がどのような野球をやろうとしているのか、そのためにはどんな選手が必要なのかを説明し、協力を要請するわけだ。こうしてあらかじめきちんと方針を示しておけば、先にあげたような責任のなすりあいは避けられるはずなのである。

三木《みき》谷《たに》浩史《ひろし》オーナー（当時）との最初の食事会でも話したことだが、私が目指す野球の基本は、いわば「守り勝つ野球」だといっていい。野球は相手に点をやらなければ絶対に負けない。いくら得点をしても相手にそれより多く取られてしまっては勝てない。したがって、守り重視とならざるをえず、そのために何より必要なのはピッチャーだ。そこで編成には即戦力のピッチャーの獲得を第一に要請する。毎年ひとりずつでもいい投手が獲れれば、3年でローテーションの三本柱が出来上がる。そのあいだに若手を現場で育成していけばいい。

もうひとつ、とくにスカウトにいうのは「足が速い、球が速い、ボールを遠くに飛ばす……そういう天性を持った選手を探してくれ」ということである。というのは、天性ばかりは育成することができないからだ。いくらこちらが鍛えても、本人が努力しても限界がある。逆にいえば、それ以外の部分は育てられるというのが私の信念である。俊足を活かすために捕手から外野手へコンバートさせたヤクルト時代の飯田哲也や、バッティングが悪いからと指名リストに入っていなかった阪神の赤星憲広《あかほしのりひろ》がその代表といっていい。

楽天は、岩隈以外に先発の柱となる投手がいなかった。だから、正式に監督になった私は、まずは「なによりも投手を獲ってください」と要求した。そして、それは2006年のドラフトで実現することになる。いうまでもない。その年の最大の目玉、マー君こと田中将大を引き当てたのである。

✔エース候補・田中

田中にはもちろん、高校生のときから注目していた。未完成で荒削りだが、伸びる予感を感じさせた。高校生のときからあまり完成されていると、プロとしてはそれほど魅力を感じない。その点、田中は早稲田実業の斎藤佑樹《ゆうき》よりもプロ向きだと思った。

だが、いかんせん高校生、大きな期待はしていたが、実際にキャンプでボールを投げるのを見るまではプロですぐに通用するか半信半疑だった。

ところが、田中のボールを見た瞬間、私は驚いた。

「これが18歳の投げる球か！」

1年目から活躍できると確信した。速球もさることながら、変化球がいい。あれほどブレーキのあるスライダーを放る投手は、プロでもそうはいない。身体も高校生にしては出来上がっていたし、闘争心はもとより申し分ない。まさしく私の欲していた即戦力、しかもエース候補だった。

投げるボール以上に私を喜ばせたのは、田中の頭のよさだった。私のいうことを即座に理解する。決して口数は多くないし、朴訥《ぼくとつ》だが、主張すべきことははっきりと明言する。体力、気力に加えて知性も持ち合わせていたのである。

「これは絶対に上手に育てなければいけない」

私は思った。それにはどうやってデビューさせるかが重要だ。これを間違えると、のちのちまで影響する。

新人投手のデビューのさせ方には、大きく分けてふたつある。ひとつは、たとえば弱いチーム相手に、しかも試合の結果に影響しないような場面で気楽に投げさせる方法。精神的に強くない投手にはこの方法がいい結果を生むことが多い。

そしてもうひとつは、いきなり強敵相手に登板させるやり方だ。こちらは当然、強靭《きょうじん》な精神力を持っていなければ務まらない。

ただ、そういう選手ならかりに打たれてもそこから何かをつかみ、さらに大きく成長するきっかけになる可能性があるし、抑えることができれば、もちろんすばらしい自信になる。

田中はどちらのタイプか。決まっている。

後者である。田中には将来、楽天だけでなく、球界を背負うピッチャーになってもらわなければならない。

とすれば、あえて試練を与えるほうが将来のためになるだろうし、かりにノックアウトされても田中なら自力ではいあがってくるはずだと私は考えた。

田中のデビューを、私は3月29日、福岡ヤフードームでのソフトバンク戦に定めた。松中信彦を中心に、巨人から復帰した小久保裕紀《こくぼひろき》、横浜ベイスターズから移籍した多村仁らから成るソフトバンク打線は、リーグ屈指の破壊力を持つ。しかも、アウェイである。これ以上ないというくらいの厳しい試練だった。

結果から述べれば、田中は6安打を浴び、4点を失って2回もたずにマウンドを降りた。KOである。ベンチに帰って、田中は涙を見せた。打たれたからといって、私は結果に対しては何もいわなかった。KOされるのは必然だったからだ。自分なりに反省し、次に向けて何かをつかんでくれればよかった。

私がいったのは「ピッチングがまじめすぎる」ということだけだった。若いのだから中途半端にまとめようとせず、プロの胸を借りるつもりでもっと大胆に攻めてほしかったのだ。

果たしてその真意は田中に伝わった。4月12日の西武戦では積極的に打者の内角を攻める、気魄を前面に押し出した強気のピッチングを展開した。

「こういうピッチングをしてほしかったのだ」

勝ち星にはつながらなかったが、私はおおいに満足した。そして、4月18日、フルキャストスタジアム（現・クリネックススタジアム）で田中はついに初勝利をあげる。相手は初戦でKOされたソフトバンク。2失点の完投だった。

以降、田中は、岩隈を欠くローテーションの中心を担うことになった。「マー君、神の子、不思議な子」と私は評したが、田中が投げると打線がよく打った。おそらく、田中の気合いが打線にも伝播《でんぱ》するのだと思う。

「あいつになんとか勝たせてやりたい」

田中は野手にそう思わせると山﨑はいっていた。最終的に田中は11勝をあげ、新人王に輝くことになった。

✔ 山﨑を誤解していた私

田中という先発の柱ができただけでなく、2年目はもうひとつ大きな収穫があった。思わぬところから、チームの中心たりえる人材が現れたのだ。そう、山﨑武司である。

山﨑は考えて打席に臨むようになり、その年、ホームラン王と打点王の二冠に輝いた。だが、その記録以上に山﨑は、正真正銘のチームの中心として、比類なき貢献をしてくれた。

山﨑はかつて中日ドラゴンズで活躍した選手である。ヤクルトの監督時代、私は何度も彼と対戦したことがある。山﨑は不思議と神宮球場でよく打った。だからというわけではないが、正直、山﨑に対して私はあまりいい印象を抱いていなかった。

というのは、どことなく不良っぽく見えたのである。生意気で、やんちゃで、不真面目な選手と私の目には映った。周囲にも悪影響を及ぼすように見えたのだ。じつは山﨑のほうも「野村とは合わない」と感じていたらしい。

私の楽天監督就任が決まったときには、「これでおれの現役生活も終わりだ」と思ったほどだったようだ。

だが――山﨑のほうは私のことをいまどう思っているかはわからないが――私は彼を誤解していた。山﨑は非常に正義感が強く、じつにしっかりしていた。まさに「馬には乗ってみよ、人には添うてみよ」の典型といえた。

山﨑は自分でもいっているように、私にかぎらず人から誤解されやすいようだ。最初の春季キャンプのある日のミーティングで、山﨑の姿が見当たらなかった。それで、翌日、彼を呼んだ。

「おまえ、昨日おらんかったろう」

「いえ、監督の隣にいましたけど」

打撃コーチの池山隆寛《たかひろ》に訊ねると、山﨑のいうとおりだという。私が気づかなかっただけだったのだ。

こんなこともあった。ミーティングで私は選手たちに一言一句ノートに書き留めさせる。ところが、山﨑を見ると、どうもメモをとっているようには見えない。あとでマネージャーを通じて注意した。すると、帰ってきてマネージャーがいうには、山﨑はきちんとメモしていたのだという。

ほかの選手が私のいったことをすべて書き留めているのに対し、山﨑は必要なことだけをメモしているというのである。ベテランで経験もある彼は、自分でわかっていることはあえて書かないらしい。だから、ほかの選手に較べるとペンを動かす量が少ないわけである。

✔真のリーダー山﨑

このように山﨑は誤解を招きやすいのであるが、反省した私は、以来、山﨑のことを注意して見るようになった。すると、山﨑が後輩選手たちにアドバイスをしている姿をしばしば見かけた。

よいチームの条件のひとつに、先輩が後輩に自然にアドバイスできる環境ができていることがあげられる。監督やコーチという管理職は、あくまでも目に映ったことしかいえない。だが、選手なら後輩とともにプレーして体験したことを話してやることができる。感じたことを伝えられる。

同じアドバイスでも、上司からいわれるのと先輩からいわれるのとでは、受け取る側にとっては大きく違う。説得力が変わってくるのである。山﨑はそうすることを自分の使命だと思ってくれているようだ。

また、山﨑はアドバイスするだけでなく、やるべきことをやっていない選手や全力を尽くしていない選手をよく叱ってくれる。いつだったか、ある若手に平手打ちをくらわしているのを目撃したことがあった。

「なにを怒っているんだ？」

私が訊ねると、山﨑は答えた。

「若いくせに手を抜いているんですよ。一所懸命やっていない。全力疾走を怠ったり、スライディングすべきところをしなかったり、怠慢なプレーが目立ったからです」

手を上げるのは決してほめられたことではないが、山﨑の正義感、責任感の強さがそうさせたのだと私は理解している。

２００８年のキャンプでも、ミーティングのあとで山﨑が選手を残して活を入れたことがあった。記者たちにその理由を訊かれた山﨑は、こういったという。

「監督が名前を呼んでいるのに、返事をしなかったり、反応の鈍い奴がいた」

そして、こう続けた。

「強いチームは、そういうところからしっかりしている。技術はコーチから教わればいいけど、礼儀とかはおれたちの役目だからね」

しかも、山﨑はかんたんには試合を休まない。「チームの中心はよほどのことがないかぎり、休んではいけない」——これは私がたびたび指摘していることだ。「休まない」ことは中心選手の責任である。中心がそうであってこそ、周りの選手も見習うようになる。王貞治にしろ、長嶋茂雄にしろ、かくいう私にせよ、少々のケガでは休まなかった。金本知憲もそうだ。

山﨑もめったなことでは休まない。タイトルを争っていた9月に股《こ》関節を痛めたときも、コーチは欠場を勧めたが、数試合休んだだけで自分の意志でベンチに戻った。

「それがあたりまえのことだから」

そう山﨑はいっていたものだ。

だから、ほかの主力選手がちょっとしたケガで休もうものなら、山﨑は許さない。じつは楽天にはそういう選手が多かった。少しどこかを痛めたくらいで「あそこが痛い、プレーできない」と弱音を吐く。あるとき、礒部に対して山﨑の叱責《しっせき》が飛んだことがあった。

「おまえはいちばんの高給取りだろう。少々のケガで大騒ぎして欠場するのは最低だ。おれは多少痛いところがあったって、監督に『出ろ』といわれれば出場する。おまえにもそれだけの責任があるんだ！」

こういう怖い先輩が何人かいると、チームに緊張感が生まれるし、全員が「しっかりやらなければならない」と思うようになる。

監督にとっても非常にやりやすいし、ありがたいことなのだ。昨シーズンの楽天の躍進は、こうした姿勢をほかの選手たちに示してくれた山﨑の力に負うところが非常に大きいと私は思っている。

✔ 若手を抜擢

田中と山﨑の活躍に加え、2007年の楽天は若手の擡頭《たいとう》が目立った。2年目を迎えた私は、若手を積極的に登用することに決めたのだ。

楽天の監督を1シーズン務めてみて、あらためて再認識したことがあった。それは、「鉄は熱いうちに打たなくてはダメだ」ということだった。

私は中途半端な選手を嫌う。たいした実力もないのに、自分はスターだと勘違いしている選手や、周囲から甘やかされ、「これでいい」と自己満足してしまっているような選手のことである。

阪神はそんな選手ばかりだった。それで非常に苦労した。そういう選手は、自分が試合で使われなくなると、責任を監督やコーチに転嫁する。自分を使わないのは、監督が野球を知らないからだというように、なぜ使ってもらえないのかを自分のこととして考えない。素直さや謙虚さが欠如しているわけだ。

だが、人間の価値は他人の評価で決まる。他人の評価が正しいのだ。「この選手はこうなってもらわなければこれ以上伸びない」と周りが判断しているのに、当の選手が自分が正しいと思い込んでいては、つまり自分から「変わろう」という意志が見られないのでは、いくらこちらが変えようとしても変えられない。

ご承知のように、楽天には大阪近鉄バファローズの残党が少なくない。彼らの多くは近鉄時代の自分からなかなか変わろうとしない。はっきりいえば、個人記録優先主義。「チームのことより自分の記録」という考えが染み付いてしまっている。

彼らを見ていると、申し訳ないが、入団1～3年目、この3年間がいかに大切かあらためて痛感させられる。「鉄は熱いうちに打て」とはよくいったものだと……。

それならば、中途半端に色のついてない若手や新人を実戦に起用しながら徹底的に教育していったほうが私の考えが浸透するし、チームの将来のためにもいい。そう考えたのだ。

結果、田中のほかにも新人ながら7勝をあげた永井怜《さとし》や8勝をマークして一本立ちした朝井秀樹らが将来の活躍を予感させるような働きを見せてくれた。

野手ではオールスターに選ばれた鉄平《てっぺい》をはじめ、サードには2年目の草野大輔が、ショートにはルーキーの渡辺直人《なおと》が定着した。なかでももっとも成長を感じさせたのが、キャッチャーの嶋基宏《しまもとひろ》だった。

「優勝チームに名捕手あり」とは私がしばしば指摘することである。「キャッチャーは監督の分身である」ともよく口にする。これだけ情報戦が発達し、打撃の技術も進歩した現代の野球では、キャッチャーの役割はきわめて重要であることは、もはや説明するまでもないだろう。

キャッチャーが育てば、チームづくりの半分はできたようなものだ。楽天が優勝争いをするためには、信頼できる捕手を育てることが急務だった。そこで目をつけたのがルーキーの嶋だったのである。

✔ 1年で成長を見せた嶋

かつてヤクルトで、私は同じようにルーキーの古田敦也を抜擢《ばってき》した。それが、のちにヤクルトが強豪チームに生まれ変わる大きな要因になった。

ただし、当時の古田をプロとして使い物にならないと信じていた評論家やプロ野球関係者は少なくなかった。古田はメガネをかけている。当時はメガネをかけたキャッチャーなんか使い物にならないというのが定説だった。

私もその説に与《くみ》して古田の指名に反対したといわれるが、それは誤解である。もちろん、メガネをかけていないほうが望ましいのは事実だが、少なくともメガネがキャッチャーの支障になるとは思っていなかった。

しかし、古田のバッティングは、お世辞にもいいとはいえなかった。だが、古田はキャッチングやスローイングに見るべきものがあった。キャッチャーの重要な資質である股関節の柔らかさもすばらしかった。

そうした魅力が、メガネをかけていることやお世辞にもいいとはいえないバッティングを補ってあまりあった。

「なんとかなるかもしれない」

そう感じた私は、徹底的に鍛えることにした。つねに私のそばに置き、はたから見ればかわいそうなほど、厳しく指導した。並みの選手なら、へこたれていたかもしれない。だが、古田には闘争心があった。「なにくそ!」と思いながら、懸命に野球に打ち込んだ。それが古田の成長を促した。

嶋にも古田と同じように接した。どのようなリードをすればいいのか、私は答えはいわない。もちろん、いいたいことは山ほどある。けれども、我慢して、あくまでもヒントを出すだけだ。そうすることで嶋に自分で考えさせる。そこが大切なのだ。嶋はベンチにノートを持ち込み、私のいったことをメモしていたようだ。

結果、ずいぶんリードは進歩した。ある試合でこういうことがあった。相手は日本ハムだった。

それまでの嶋は、あまりに安全策を選択したがる傾向があった。セオリーどおりといってもいいかもしれない。ひとつ型をつくると、そこから冒険しない。だが、一流のキャッチャーはそれではダメなのだ。ときには奇策を交えないといけない。配球とは正攻法と奇策の組み合わせで成り立つものなのである。安全策ばかりではパターン化し、すぐに解析されて読まれてしまう。

そこが嶋に不満を感じる点だった。だから、私はいい続けた。

「打者の動きを見ろ。反応を見ろ。見えなければ感じろ!」

そして、この試合で嶋は、私の教えてきたとおりのすばらしい配球を見せたのである。2死満塁で、バッターはその後首位打者を獲得する稲葉を打席に迎えた。

初球はストレートから入った。2球目もストレート。稲葉は手を出し、ファール。しかし、振り遅れていた。嶋はこれで稲葉が変化球を狙っていることを見破ったのだろう。だが、キャッチャーとしては同じボールを3球続けたくはない。どうしても次はそれを狙ってくると思ってしまうからだ。

ましてカウントは2－0。1球様子を見るケースである。

ところが、そこで嶋はまたもストレートで勝負させた。結果は三振。これには私も舌を巻いた。つねにこうしたリードができれば、将来は楽天のホームベースをしっかり守ってくれる——そう思えたのである。

嶋はその年、ルーキーながら125試合に出場。盗塁阻止率もリーグ2位だった。たしかに打率2割に満たないバッティングはこころもとないが、古田が配球をバッティングに活かして首位打者まで獲ったように、嶋の打撃もリードが成長するのに比例してよくなっていくはずだと私は考えている。

✔チーム一丸となって最下位脱出

こうして「種を蒔いて、育てた」2年目のシーズンだったが、まだまだ戦力は足りないし、考える野球、無形の力が養われたとはいえない。

だが、粘り強さは確実に出てきた。山﨑が語っていたように、「負けて当然」と思うような選手はひとりもいなくなったといっていい。その意味では、負け犬根性は払拭《ふっしょく》されたはずだ。

そんなことを私に確信させたゲームが、2007年9月12日、本拠地フルキャストスタジアム宮城（現・クリネックススタジアム宮城）でのオリックス・バファローズ戦だった。

8月をリーグトップの勝ち星となる15勝12敗で勝ち越し、〝定位置〟の最下位を脱出した楽天だったが、9月に入るとやはり、懸念していた地力のなさが表れた。勢いが止まってしまったのだ。8月の好調でにわかに注目を浴びて浮き足立ってしまったこともあったのか、選手たちは集中力を欠き、ミスが目立ちはじめた。

しかも、ホームランと打点の二冠王を狙えるほどの活躍でチームを引っ張ってきた主砲の山﨑は、股関節を痛めていた。結果、このオリックス戦を落とすと、再び最下位に逆戻りしてしまうという状況に追い込まれたのである。

もしここで敗れてしまうと、「やっぱりダメなのか」と選手たちが意気消沈し、そのままズルズルと後退してしまうおそれがあった。そうなれば、選手たちにようやく生まれかかっていた自信は失われ、私がこれまで選手たちに教え込んできたことが水泡に帰す可能性すらある。翌年以降を見据えたうえでも、大事な一戦だった。

8回裏に楽天が5対5の同点に追いついた試合は、そのまま9回裏に入り、楽天は1死2、3塁と絶好のサヨナラのチャンスを迎えた。打席に入ったのは、3番のリック・ショートである。

この場面、大久保勝信《まさのぶ》と日高剛《たけし》のオリックスバッテリーは、1塁が空いていたこともあり、リック・ショートを敬遠、4番・山﨑との勝負を選んだ。山﨑は故障を抱えていたから満足に走れない。内野ゴロにしとめれば確実にダブルプレーをとれるとオリックスのベンチは考えたのだろう。加えて山﨑は大久保を苦手としていた。与しやすしという判断もあったと思う。

外野フライでもサヨナラである。が、それだけにこのチャンスを逃すと選手に与える影響ははかりしれなかった。そうなればオリックスに流れが傾き、楽天が勝利する確率はかなり低くなってしまう。

「絶対に決めてやる」

山﨑はそう思ったに違いない。

ところが、その強い気持ちが裏目に出た。つい力んでしまったのか、山﨑の打球はオリックスバッテリーの望みどおり、ショート後藤光尊《みつたか》の左に転がった。

「ああ……」

球場を埋めた楽天ファンから大きなため息がもれた。「万事休す」と思ったに違いない。

後藤が捕ったボールはセカンドの阿部真宏《まさひろ》へとトスされた。ファーストランナーのリックが憤死。阿部はリックの激しいスライディングでバランスを崩したが、なんとかボールをファーストに転送した。

しかし、山﨑はあきらめていなかった。ケガによる痛みをものともせず、猛然とファーストベースへ駆け込んだ。

「セーフ！」

塁審の手が大きく左右に振られた刹那《せつな》、サードランナーの藤井彰人《あきひと》がホームベースに滑り込んでいた。

「やったあ！」

楽天ベンチから選手全員が飛び出し、1塁ベース上で倒れこんでいる山﨑のもとに駆け寄る。そして、歓喜の雄たけびをあげながら、歩けない山﨑をみんなでかついでベンチへと連れ帰った。スタンドでは熱い「山﨑コール」が巻き起こっていた。

「足が壊れてもセーフにならなきゃ。みんながつくってくれたチャンスだから……」

1塁へ懸命に走りながら山﨑はそう思っていたという。「フォア・ザ・チーム」――この言葉を山﨑は身をもって示したのだ。そして、その思いは選手全員に伝わった。このとき、チームはひとつになった。

このゲームはのちに、あるテレビ局が実施したアンケートで楽天のベストゲームに選ばれたというが、私にとっても意義深いゲームだった。監督就任以来、2年近くにわたって説き続けてきた「弱者が強者に勝つための野球」が、ようやく浸透してきたという手ごたえを得られたからだ。チーム全体に「勝とうぜ」という気が充満しているのを私は感じていた。

事実、この勝利で勢いを取り戻した楽天は、2年連続の最下位を脱し、目標のAクラス入りには届かなかったものの、なんとか4位につけてシーズンを終えた。ソフトバンクにも勝ち越した。

本拠地でのシーズン最終戦のあと、われわれはグラウンドを一周した。

「来年は絶対に優勝争いにからんでみせる」

最後まで懸命に応援してくれた仙台のファンの前で、私はそう誓った。

第三章

再生の極意は気づきにあり

✔ 野村再生工場

私自身もある程度は予想していたことだが、楽天での1年目のシーズンは、ご承知のように最下位に終わった。勝ち星は9つ増えて47となり、優勝チームとのゲーム差も、前年の51・5から33まで縮まったとはいえ、決して自慢できる成績ではなかった。

ただ、収穫もあった。

この年は両リーグ合わせて延長戦が22試合あったのだが、うち半分は楽天が追いついてのものだ。それなりに粘り強さが出てきたのは、無形の力がわずかながらも浸透した結果といっていい。

もうひとつが鉄平の成長だった。鉄平はそれまで中日の2軍でくすぶっていた選手である。5年間の2軍生活ではかなりの成績をあげていたとはいえ、ほとんど1軍での出場はなかった。それが楽天に移籍するや、103試合に出場し、打率3割3厘をマークする活躍を見せた。

そして、翌2007年、楽天は4位まで浮上するわけだが、これにはプロ21年目のベテラン、山﨑の復活ぬきには考えられない。

山﨑は中日ドラゴンズ時代の1996年には39本塁打を放ち、ホームラン王に輝いたことがあるとはいえ、その後はチームが期待したほどの成績を残せず、２００３年にオリックス・ブルーウェーブ（現・バファローズ）に移籍。２年間在籍したが戦力外通告を受け、楽天に入団してきた。

楽天では1年目の途中から4番に座り、25本塁打をマークしたとはいえ、年齢的にもそれ以上の活躍は無理だろうと思われていたに違いない。はっきりいって、〝終わった選手〟と見なされていたのである。そんな選手が、２００７年にはホームランと打点の二冠王に輝いたのだ。

いったい、何が鉄平と山﨑を変えたのか。

これまで私は、峠を過ぎたと思われた選手や箸《はし》にも棒にもかからないとみなされていた選手を何人も生き返らせてきた。そのため、いつしか〝野村再生工場〟と呼ばれるようになった。そこで、鉄平と山﨑のことを語る前に、私がいかにしてこうした選手を再生してきたかをお話しすることにしよう。

✔ 自己限定を捨てさせ、自信を与える

そのはじまりは、南海監督時代の1973年に巨人から移籍してきた山内新一と松原(福士《ふくし》)明夫というふたりのピッチャーをなんとかしようと考えたことだった。

いくらでも好投手を獲得できる巨人に較べ、貧乏球団の南海は現有戦力を最大限に活用しなければならない。巨人をお払い箱になったとはいえ、ふたりは貴重な存在だった。

再生というのは、じつはそれほど難しいことではないと私は考えている。

まず、彼らは前にいた球団をいわば放り出されたわけだから、悔しさを持っている。「なんとかして見返してやりたい」と思っている。それゆえ、どんなことでもやろうとするし、アドバイスも素直に聞く。結果を出すためなら、変わることを辞さない。

もうひとつ、とくに伸び悩んでいる選手には共通していることがひとつある。それはマイナス思考であるということだ。

「僕はこれで精一杯です」

「自分の力はこんなものです」

ほとんどの選手がそう思っている。言葉を換えれば、いわれなき自己限定をしているのである。

しかし、いやしくもプロに入ってくるような選手なのだから、それなりの力は持っているはずなのだ。くすぶっている理由は、自信を持てなかったり、持てる能力を活かす方法をわかっていなかったりするケースが多いのである。逆にいえば、それまでの指導者が力を引き出せなかったともいえる。

したがって、彼らの悔しさを利用しながら1軍で活躍するために足りない力を補い、自信を与えてやればいい。それが再生の第一歩である。

では、具体的にどうするか。山内と松原には、フリーバッティングの際にバッティングキャッチャーをやらせてみた。バッティングピッチャーに100キロ程度のボールを投げさせ、バッターの後ろで受けさせるわけだ。

すると、たとえバッティングピッチャーのボールでも、きちんといいコースに決まれば、一流のバッターでも打ち損じることがあるということが理解できる。言い換えれば、ピッチャーにとってコントロールがどれほど重要であるかが身に染みてわかるのである。

そのうえで、「とにかくストライクを投げられるだけのコントロールをつけろ」とふたりに命じた。ピッチャーというものは、スピードを出そうとするとどうしても力みがちになる。

とくに山内は、かつては快速球で勝負するピッチャーだっただけに、ひじを故障して、もはや速球は投げられなくなっているにもかかわらず、速球へのこだわりを捨てられなかった。

しかし、ピッチャーというのは、必ずしも三振をとる必要はない。点を取られなければいいのである。コントロールに気をつけようと考えれば、自然とフォームのバランスに気を遣うようになる。するとピッチングが変わってくる。

それに、私は監督であると同時に現役のキャッチャーだった。だから、「ストライクさえ入れれば、おれがリードでなんとかしてやる」ともいってやることができた。

よくいうのだが、いいピッチャーは誰が受けても同じである。かんたんにいえば、バッターがストレートを狙うとわかっていたときでもストレートを投げさせてもいいのが一流のピッチャーだ。

だから、キャッチャーのリードが下手でもなんとかなる。

しかし、実績のないピッチャーはそうはいかない。山内も松原も、巨人ではほとんど勝ち星をあげられないでいた。

そこで力となるのがキャッチャーの腕なのだ。たとえ二流といわれるピッチャーであっても、ストライクさえ投げられれば、キャッチャーが打者の傾向やクセ、心理状態などを考慮しながら配球を工夫して組み立てていくことで抑えることは不可能ではない。そうやって少しずつでも結果が出ていけば、ピッチャーにも自信が生まれてくる。

とりわけ実績のないピッチャーにとって勝ち星は最高の良薬だといっていい。そうなれば、それまで平凡なピッチャーであっても見違えるような成長を見せることがあるのである。

事実、そうやって使っていった山内はその年、なんと20勝をマーク。松原も7勝をあげた。このふたりの成長がなければ、その年の南海のリーグ優勝はなかった。東映フライヤーズで芽が出なかった江本孟紀《たけのり》や、ヤクルト監督時代にダイエーホークスからやってきた田畑一也《かずや》も、同じやり方で才能が開花したといっていい。

✔鉄平

鉄平も伸び悩んでいた選手だった。2軍では活躍できるのに、1軍での出場機会にはほとんど恵まれなかった。

私自身、いっては悪いが、まったく注目も期待もしていなかった。が、キャンプやオープン戦を見ているうちに、「我慢して使っていけば、ひょっとしたらいけるのではないか」

と思うようになった。

山内と松原、鉄平のケースは、それまでくすぶっていた選手が花開いた例だが、もはや限界と見られていた選手を文字どおり〝再生〟させた例が、ヤクルト時代の吉井理人《まさと》と阪神の遠山奨志《しょうじ》のケースだった。

吉井は1995年、西村龍次《たつじ》とのトレードで近鉄バファローズからヤクルトに移籍してきた。近鉄では主に抑えとして活躍、88年には最優秀救援投手に輝いたこともあったが、93年の先発転向後は思うような成績をあげられず、もはや〝過去の投手〟という印象を免れなかった。

一方の遠山も、阪神に入団した1年目の86年に8勝をあげたものの、その後は結果を出せず、ロッテに移籍。一時は打者に転向し、結局は自由契約になって阪神のテストを受けて入団してきた選手だった。

吉井と遠山、当時のふたりに共通していたのは、ストレートとスライダーしか球種がないということだった。その威力が衰えたため、通用しなくなったわけだ。

しかし、ここが肝心なところなのだが、それは逆にいえば再生の道が残されているということである。投手としての可能性がまだ残っているということだ。

新しい球種を覚えればいいのである。

投手というのは、新しい球種をひとつ覚えただけで、寿命が延びる。稲尾和久にしても金田正一《まさいち》さんにしても、スライダーやフォークボールを覚えたおかげで、晩年に勝ち星を積み重ねることができた。

私は吉井と遠山にいった。

「シュートをマスターしなさい」

なぜか。前述したようにふたりはスライダーを持っていた。シュートを覚えれば、スライダーと合わせてペアで使うことができる。ピッチャーは、内と外、あるいは緩と急を使い分けることができるようになると、配球の幅が一気に広がっていく。

これが私のいう、変化球を投げる必要性なのだが、吉井なら右打者に対して、左投手の遠山の場合は左打者に対して、シュートを投げることで打者に内角を意識させることができれば、外に逃げるスライダーがさらに有効になる。

だから私は、ふたりに対して「シュートを覚えろ」と命じたのだ。

そのうえで、打者によってプレートの踏む位置を変えるなど、持っている球種を少しでも効果的に使えるような投げ方を工夫させた。遠山にはサイドスローに変えることを勧めた。左打者にとって、左のサイドスローほど打ちにくいものはないからだ。

結果、吉井はさらにフォークボールをマスターし、3年連続2桁《けた》勝利をあげ、メジャーリーグに飛び立っていったし、遠山もとりわけ〝松井秀喜《ひでき》キラー〟としておおいに活躍してくれたのである。

✔シュートで開眼した川崎

新しい球種を覚えたことで、大きく成長した投手はほかにもいる。川崎憲次郎《けんじろう》がそうだ。抜群の球威を武器に、2年目からヤクルトの主軸として3年連続2桁勝利をあげた川崎だが、性格がやさしいのか、内角の厳しいところを攻められず、甘くなったボールを痛打されることが目立つ投手でもあった。しかも、その後故障したことで、一度は自信を失いかけた。

「もはやここまでではないのか」との声もあった。だが、私は内角さえ攻めれば再生は充分可能だと思った。それにはシュートをマスターすればいい。そう考えた。

のちに吉井と遠山を再生させたシュートではあるが、その威力は誰もが認めつつも、その当時は「ひじを痛める」といわれ、投げる投手はあまりいなかった。だが、私は疑問に思った。シュートでひじを痛めた投手など知らなかったからだ。私の現役時代はみんながシュートを投げていた。

そこで、江川卓と巨人の両輪を担ったシュートのスペシャリストともいうべき西本聖に訊ねてみた。

「シュートがひじを悪くするというのはほんとうか？」

西本は答えた。

「誤解ですよ。シュートはひじではなく、人差し指に力を入れて曲げるんです」

自信をもった私は、川崎にシュート習得を命じた。やはり最初は怖がった川崎だが、自分が再生するためにはこの方法しかないとわかったのだろう、懸命に取り組んだ。それまでストレートとフォークが中心だった組み立てにシュートが加わったのだ。

すると、おもしろいように内野ゴロを打たせることができるようになった。本塁打を打たれることも減った。じつは川崎のシュートはほんの少ししか曲がらなかったのだが、それでもこれだけの効果があったのである。

川崎は完全に再生した。98年には最多勝に輝き、日本シリーズでもMVPを獲得した。川崎はいまでも折に触れて「僕が勝てるようになったのは野村監督のおかげです」といってくれる。「シュートを覚えたおかげだ」と……。

✔ 闘争心が生んだ荒木の復活

ただし、再生するためには絶対に欠かせない資質がある。

第一は「闘争心」。「なにくそ！　いまに見ていろ。絶対に復活してやる」という強い気持ちがなければ、いくら尻を叩いても再生など望むべくもない。

その意味で忘れられないのが、荒木大輔の劇的な復活だった。

ご承知のように荒木は早稲田実業時代に甲子園に5度出場。1982年のドラフト1位でヤクルトに入団した。87年には2桁勝利をマークしたが、翌年、ひじを故障。腰痛も併発し、その後はまる4年間登板することがなかった。

そんな荒木が1軍に戻ってきたのは、ヤクルトが阪神と激しい首位争いを演じていた92年の秋だった。忘れもしない、10月3日。ヤクルトは中日との対決を迎えることになっていた。天王山《てんのう》である。

この試合に勝てば優勝をグッと引き寄せることができるが、逆に落としてしまえば、そのままズルズルと後退してしまう可能性があった。

その試合の先発に、私は1軍に帰ってきたばかりの荒木を指名した。ある意味、賭けだった。心のなかで私は辞表を用意していたほどだ。なにしろ荒木はこの4年登板していないだけでなく、もはやかつての球威は失われていた。

「僕でいいんですか？」

私が先発を告げると、荒木自身が聞き返したほどだ。

結論からいえば、荒木は7回を無失点に抑え、大役を見事に果たしてくれた。この勝利でヤクルトは勢いに乗り、14年ぶりにセ・リーグ制覇を達成した。

この大事な試合に私はなぜ荒木を先発させたのか。

荒木の闘争心に賭けたのだ。

投手には当然備えていなければならない能力がある。コントロールや駆け引きもそのひとつだが、その前に絶対に欠かせない条件がある。それが闘争心である。「打てるものなら打ってみろ」と向かっていく気持ちこそが、いちばん投手に必要なものなのだ。いくらすごいボールを持っていても、これがなければプロでは大成できない。これは長年のプロ生活で得た真実である。

たしかに荒木のボールは威力がなかった。ブルペンで投げているときには、「なんや、この球？」と思ってしまうほどだった。

しかし、彼には高校1年のときから春と夏の甲子園にすべて出場し、数々の修羅場をくぐりぬけてきたという経験があった。これはよほどの精神力と闘争心がなければできることではない。言い換えれば、大舞台になればなるほど、彼は力を発揮するタイプのピッチャーだった。

しかも、4年間地獄を見ている。悔しさを持っている。荒木の闘争心はさらに強まっているに違いない。事実、荒木の顔からはかつての甘さが消え、まったく変わっているのに気づいた人は少なくないはずだ。数字にばかり目が行っている指導者は、ここに気がつかない。

優勝争いを経験したことのない当時のヤクルトに、経験や闘争心で荒木に勝るピッチャーはいなかった。だから私はこのビッグゲームに荒木を立てたのである。

この荒木の復活でチームは団結した。あの年のヤクルトの優勝は、荒木の存在がなければ不可能だったかもしれない。ひとりの選手が再生することで、チーム全体も生まれ変わることがあるのである。

✔ 考える力を身につけた小早川

再生するためにもうひとつ備えていなければならないのが「感じる力」である。「考える力」と言い換えてもいい。

「鈍感は人間の最大の罪である」と私は思っている。いわれたことを素直にやってみる、間違いに気づいてそれを正す、どうすればもっとよくなるか考える――こうしたことができなければ、いくら私がアドバイスしても、成長することはないし、同じ過ちを繰り返すだけである。

97年に広島カープからヤクルトにやってきた小早川毅彦《たけひこ》の復活は、この力によるところが大きかった。

PL学園、法政《ほうせい》大学を通して強打者として鳴らした小早川は、広島でも初年度からクリーンナップに座り、ずっと主軸を担ってきた。いわばエリートである。が、それだけに天性だけでプレーしてきた選手の典型といえた。それで力が衰えるに伴い、若手に取って代わられることが多くなっていた。つまり、〝もはや終わった〟と思われていた選手だったのである。

「おまえはバッターボックスに入っても何も考えていないだろう」

ヤクルトにやってきた小早川に私はいった。

「ヤクルトのベンチから見ていると、いつも〝来た球を打っている〟ようにしか見えなかった。だがな、技術力には限界があるんだよ。少しはデータを参考にして配球を考え、狙い球を絞るなど、研究してみたらどうだ?」

その年、ヤクルトは開幕戦で巨人と当たることになっていた。清原和博を獲得するなど大幅な補強を敢行した巨人に対し、ヤクルトは前年4位に沈んでいた。しかも巨人には大きく負け越していた。この開幕戦を落とせば、巨人を波に乗せるだけでなく、ヤクルトの選手を意気消沈させてしまう。

そうなれば、下馬評どおり、そのままBクラスに低迷してしまうおそれがあった。しかも、開幕戦で巨人はエースの斎藤雅樹《まさき》を立ててくるのが明らかだった。斎藤には前年、カモにされている。なんとしても攻略しなければならない。

それにはサイドスローに強い左打者がカギを握る。しかし、前年までの主砲トーマス・オマリーは引退していた。小早川の役割は重要だった。

私は、小早川に対して収集したデータをもとに、斎藤の配球を徹底的に解説した。とりわけ特徴的だったのは、左バッターに対して斎藤はインコース高めに見せ球を放ってから、外角から入ってくるカーブで攻めてくるということだった。とくにワンスリーになるとカウントを稼ぐために、ほぼ100パーセントの確率で投げてきた。

「いいか、インハイに来たら、次に外からのカーブが来るという前触れだ。ワンスリーなら絶対だ。だから、外からのカーブをイメージして、踏み込んで打て!」

そういって私は小早川を送り出した。結果についてはいうまでもないだろう。小早川は斎藤から3打席連続ホームランを放った。たしか3発目は、まさしく私がいったとおりワンスリーからのカーブを狙い打ったものだった。

「監督、バッチリでした！」

ベンチへ帰ってきてそういった小早川のうれしそうな表情をいまでも憶えている。そして、この3連発で大勝したヤクルトはそのまま勢いに乗り、リーグ優勝、日本シリーズ制覇を果たすのである。

前年はわずか8試合しか出場していなかった小早川はその年、116試合に出場した。翌年かぎりで引退したとはいえ、その後解説者として、また2006年からは広島に戻り、コーチとして働いている。それにはやはり、私の教えた「考える野球」の影響は少なくないと思うのだ。

✔何も考えていなかった山﨑

山﨑のケースは、この小早川に似ている。自分自身でも語っているように、山﨑も何も考えていないに等しい、天性だけでやってきた選手だった。私にもそう見えた。

その証拠に、監督就任2年目のシーズンがはじまった4月の終わりごろだったと思う。ミーティングで私が話をしていると、山﨑のこんな声が聞こえてきた。

「おお、野球っていうのは、そういうふうにやるのか」

山﨑は40歳になろうかというベテランである。

「おまえ、何をいっているんだ。そんなこともわからないでこれまでやってきたのか?」

私が呆《あき》れて訊くと、「まあ、そういうことになりますね」。

「監督の野球談義を聞いていると、野球の見方が変わる。じつにおもしろいですね、野球って……」

要するに、山﨑は考えて打席に臨むことなどほとんどなかった選手だったのだ。

とはいえ、正直いって、山﨑に関しては私がとくに何かをしたという記憶はない。少なくとも、技術的なアドバイスは何もしなかった。あれだけのベテランだし、天性は申し分なかったからだ。

ひとつだけ彼にいったのは、「考え方を変えれば、生まれ変われる」ということだった。そのうえで、「もう少し頭を使ってみたらどうだ?」とアドバイスした。

山﨑は、中日時代にはホームラン王のタイトルを獲ったこともあるホームランバッターだ。キャッチャーとしての私の経験からいって、やはりホームランバッターがいちばん怖い。たった一振りで1点入るし、それでゲームの流れが変わってしまうこともある。ランナーがたまっていればなおさらである。つまり、ホームランバッターは存在するだけで相手バッテリーに恐怖と緊張を与えるわけだ。

それは打者の側からすれば〝特権〟といえる。

にもかかわらず、山﨑はその〝特権〟を行使しているふうには見えなかった。

山﨑レベルの打者に対してピッチャーはまともに勝負してはこない。ホームランが怖いから、当然外角中心の攻め方になる。

すると、どうしてもボール球が先行し、勝負球は甘くなる。来た球を何でも打とうとせず、しっかり狙い球を絞っていれば、向こうからこちらの術中にはまってくれるのだ。つまり、少しだけ頭を使って配球を読めばいい。そうすれば、ヒットになる確率は格段に上がるはずなのだ。

✔ 苦手・和田を克服した理由

おそらく山﨑は「感じる力」を持っていたのだろう。自分でもいっていたが、ミーティングなどの私の話からヒントをつかんだのだと思う。

試合中のベンチで、山﨑はいつも私の近くに座っていた。そこでは私が指示する声やつぶやき、ぼやきが聞こえてくる。山﨑はそれをおおいに参考にしたようだ。それをもとに、状況把握はもとより、相手投手の心理状態を考え、配球を読むようになったと、彼自身が語っている。

そんな取り組みが実を結んだといえるのが5月2日、ヤフードームの福岡ソフトバンク戦で和田毅《つよし》から放った2打席連続ホームランだった。

それまで山﨑は和田を苦手にしていた。左腕からキレのいいボールを放ってくるので、「バットに当たる気さえしなかった」らしい。

しかし、データを調べると、和田には「初球からストライクをとりにくる」傾向があることがわかった。山﨑に対しては外角から入ってくるスライダー系のボールでカウントを稼ぐことが多かった。そこでこうアドバイスしてみた。

「そのボールに狙いを絞ってみたらどうだ？」

あらかじめそのボールがくることがわかっていれば、狙い打ちすることは山﨑の技術をもってすれば難しいことではない。

最初のホームランはストレートをはじき返したものだが、2本目はまさしくそのスライダーをすくいあげたホームランだった。

和田はあとで新聞記者に対してこう語ったそうだ。

「山﨑さんはこれまで外のスライダーには手を出さなかった。見逃してくれて必ずストライクが稼げるボールだったのに……」

じつは開幕当初の山﨑は調子が悪かった。「今年が最後」との気持ちが強すぎて空回りしているように見えた。そこで私は彼を呼んでいった。

「なにを焦っているんだ。まだ4月だろ。気楽に行け！」

山﨑によれば、この言葉で「いい具合に力が抜けた」そうだ。それで冷静に配球を考えられるようになった。

その結果が、2打席連続本塁打につながったのだ。

これがきっかけとなって山﨑は一気に調子を上げた。5月は打率0・342、12本塁打、27打点をマークして月間MVPに輝いた。これは楽天の選手でははじめての快挙であり、山﨑にとっても10年11カ月ぶりのことだったという。

✔ 冷静な読みが生んだ2本のホームラン

山﨑が5月に放った12本塁打のなかで、もうひとつ山﨑の記憶に鮮明なのは、5月27日、横浜ベイスターズとの交流戦で那須野巧《なすのたくみ》から打ったホームランだという。

9回表2死1塁で迎えたその打席。那須野が投じた初球と2球目はいずれもストレート。山﨑はスピードについていけず、2球ともファールした。

投手というものは、同じ球種を3球続けたくないものだ。やはり3球目は変化球でボール。その後、山﨑は苦しみながらも粘り、なんとかツースリーまでもっていった。そこで私がいったことを思い出したそうだ。

「投手にとってフォアボールは罰金ものだ。だから最後の球はストライクを狙うために加減してくる」

そして、こう読んだという。

「那須野は細かいコントロールがないから、変化球はないだろう。自分はストレートに振り遅れていたから、ストレートに違いない。でも、四球は出したくない。だからストライクを取りに来るためにスピードを加減してくるはずだ」

果たして那須野は力を抑えたストレートを放ってきた。まさしく読みどおりのボールを振りぬいた山﨑の打球は場外へと消えていった。ダイヤモンドを回りながら山﨑はあらためて思ったそうだ。

「監督のいうことはやっぱりすごいや」

8月27日、フルキャストスタジアム（現・クリネックススタジアム）での北海道日本ハム戦でマイケルから放った第40号も印象的だった。

日本ハムの抑えの切り札であるマイケルの球種は、ストレートとカーブしかないといっていい。ところが、そのカーブがあまりにキレがあるのでバッターはわかっていても打ちにくいのだ。山﨑も前年まではほとんど打てなかった。

しかし、ストレートとカーブしかないということは、逆にいえばどちらかのボールを待っていれば、必ずそのボールが来るということである。

「だったら、割り切って打ってみい！」

私は山﨑にいった。ヤマを張れという意味である。かりに三振するとしても、それまでには最低でも3球ある。先ほど述べたように、ピッチャーは同じボールを3球続けたくはない。とすれば、そのうち1球はヤマを張ったボールが来るはずだ。

以来、山﨑はこのことを念頭に置いてマイケルとの対戦に臨むようになった。そして、マイケルに対して5割の打率を残したのである。

✔ 考え方を変えて甦《よみがえ》った江夏

山﨑は、私のことをいわゆる〝野球バカ〟だと思っていたらしい。「野球がすべてだ」「命がけで野球をやれ」――そういう信条の持ち主だと考えていたという。もちろん、野球の話をはじめたらいつまでも話しているし、プロとはそうあるべきだと思っている。したがって、当たっていないことはないのだが、その前に「一流の社会人であること」を私は選手に求める。

「人生とは生きることが目的であり、野球はその手段」と考えているからだ。

「いかに生きるか」を考えるようになれば、当然、野球に対する取り組み方が変わってくる。ところが、過去にある程度の実績を残した選手は、往々にして自分が正しいと信じている。「このままでいい」と思っている。変わる必要性を感じていないし、変わろうという意思もない。

しかし、私がよくいうように人間の評価とは他人がどう感じるかによって決まる。他人の下した評価が正しいのだ。とすれば、一度落ちてしまった評価を覆すには、「あいつ、変わったな」と周囲に感じさせる必要がある。そのためには、それまでの考え方を変えなければならない。選手が再生できるかどうかは、この「考え方を変えられるか」ということが非常に大きな意味を持つのである。

そうやって生まれ変わった代表的な選手が、江夏豊だったといっていい。

阪神を追われるようなかたちで江夏が南海にやってきたのは1976年のことだった。江夏は山内や松原と違い、すでにすばらしい実績をあげている選手だったが、それだけにわがままで、南海に来ても江夏の態度は変わらなかった。

「なんでおれがこんなチームにいなきゃいけないんだ」という気持ちが伝わってきた。

これではチーム全体の士気に影響する。

「江夏を変えなければならない」と私は考えた。

江夏が変わったのは、ある出来事がきっかけだった。あるとき、「八百長をしているのではないか」と思えるようなピッチングをした。江夏はかつて野球界を騒然とさせた「黒い霧事件」と呼ばれた八百長問題が持ち上がったときに名前があがっていた。それで私は思い切って詰め寄った。

「おまえ、まさか八百長やってないだろうな！」

最初は受け流そうとしていた江夏だが、私の剣幕におののいたのか、真剣な表情になって「絶対にやってない」と抗弁した。だが、私は引き下がらなかった。

「おまえがそういうピッチングをするたびに、〝怪しい〟と思う人がいる。そういう人たちの信用を取り戻すには、言葉ではダメだ。マウンドの上で、態度で示すしかないんだぞ!」

江夏はしばらく黙っていたが、やがてこうつぶやいた。

「そんないいにくいことをはっきりいってくれたのは、あんたがはじめてや……」

才能があまりにあるがゆえに、江夏はずっと甘やかされてきた。

お山の大将ですんできた。おそらく、江夏の周囲にはほめておだてる人間はいても、真剣に本人のことを思い、叱ってくれる人間はいなかったと思われる。

指導者の愛情とは、やさしく接することだけではない。ときには厳しく叱ったり、いいにくいことをはっきりいってやることも必要なのだ。事実、江夏は以来、私の話に耳を傾けるようになった。

ただ、当時の江夏はもはや盛りは過ぎていた。しかも、ひじに故障を抱えていた。私は彼に腕立て伏せをやらせた。当時はピッチャーにウェイトトレーニングをやらせるなどということは厳禁だった。しかし、メジャーリーグの300勝投手、ニューヨーク・メッツのトム・シーバーがやはりひじを壊したとき、腕立て伏せで治ったという新聞記事を私は読んだことがあった。それで私もひじを痛めたとき、同じように腕立て伏せをしてみたら、痛みが消えたという経験があったのだ。

ただし、江夏にはもうひとつ持病があった。血行障害である。そのため、先発完投はお

ろか、50球も投げると握力が子どもなみになってしまった。とすれば、江夏を活かすには
リリーフしかない。

しかし江夏は聞かなかった。江夏にとって、ピッチャーとは先発完投するものだった。リリーフなんて二線級がやること。江夏には恥でしかなかった。

頑《かたく》なな江夏に私はいった。

「メジャーでは先発、中継ぎ、抑えの分業制ができている。日本もじきにそうなるはずだ」

そして、こう続けた。

「だったら、おまえが革命を起こしてみんか?」

その後の江夏の活躍は語るまでもないだろう。江夏はプロ野球選手として見事に再生したばかりでなく、日本プロ野球界にクローザーの重要性を気づかせ、根付かせた。江夏が阪神時代の考え方をあらためなかったら、そして、指導者としての私が「もはや投げられない」と見限って彼の可能性を引き出せなかったら、日本における投手の分業制の確立はずいぶんと遅くなったかもしれない。江夏はたしかに革命を起こしたのである。

✓チームのためにブンブン丸を封印した池山

楽天のコーチを務めている池山隆寛も、考え方を変えて大成した選手である。私がヤクルトの監督になったころ、すでに池山はスター選手だった。ホームランを量産する豪快なバッティングは、ファンの喝采《かっさい》を浴びていた。ただ、一方で三振もまた〝量産〟してしまう脆さがあった。

それが彼の個性であり、人気の秘密ではあった。が、それだけに「ブンブン丸」などと持ち上げられて、いい気になっている面もなきにしもあらずだった。チームよりも自分のバッティングを優先しているようにも感じられた。

池山は当時のヤクルトの「中心」である。

その彼が、そういう考えで野球をやっているようではチームの士気に影響するし、池山自身の将来にとってもマイナスになると私は思った。そこで迷った末、あえて忠告した。

「ブンブン丸と呼ばれて、おまえは気分がいいかもしれん。だが、バットを振り回して三振ばかりすれば、チームはどうなる？　おまえはヤクルトの中心選手なんだよ」

江夏同様、池山にとってもそんなことをいわれたのははじめてだったろう。むしろ、「どんどん振れ」とちやほやされることのほうが多かったに違いない。反発覚悟だったが、池山は考え方をきっぱり変え、確実性の高いバッティングを志してくれた。その結果、チーム内での信頼も増した。自他ともに認める中心選手となったのだ。

２００７年のオフだったか、あるテレビ番組に池山が出演し、ノートを積み重ねて「これがいまの僕の力になっています」と話していたのを見た。

それは、ミーティングで私が話したことを書き留めたノートだった。私は彼がそこまで真剣に話を聞いていたとは思ってもみなかったので、彼が人知れずそんな努力をしていたことを知って、とても驚いた。と同時に、だからこそ池山は大きく成長できたのだなと、あらためて思ったのである。

✔再生とはよく観察し、気づかせること

江夏や池山のケースが示しているように、「考え方を変える」ためには本人が「気づく」ことができるかにかかっている。

したがって、指導者は「気づかせてやること」が大切になる。再生の極意があるとすれば、それはいかに「気づかせるか」ということに尽きるのではないかと私は思っている。

山内にしろ、吉井にしろ、遠山にしろ、小早川にしろ、そして山﨑にしろ、いずれもすばらしい素質を持っていた。

ただ、その活かし方が間違っていたり、力が衰えてきたにもかかわらず以前と同じ方法で対処しようとしていたがために、結果が出なかったのである。いわば、方向違いの努力をしていたわけだ。そこにいかに気づかせるかがわれわれ指導者の役割なのである。

では、そのために必要なことは何か。

第一は、その選手をよく「観察する」ことだ。

長年プロ野球界で生きてきた私は、まだ可能性が残っているのに年齢や故障のために引退に追い込まれた選手や、指導者が長所に気づいてやれないために志半ばで野球界を去っていった選手を何人も見てきた。

そして、そのたびに残念に思うと同時に、憤りを禁じえなかった――「どうしてこの選手のよさに気づいてやれないのか」と。

力があるのに引退せざるをえなかった選手は、指導者の怠慢の犠牲者だといっていい。そんな指導者は、失格の烙印《らくいん》を押されてかまわない。指導者の能力如何で、その判断ひとつで、選手の人生は大きく変わってしまう可能性がある。

しかも、ほとんどの場合、マイナスの方向に変わってしまう。とすれば、指導者はとてつもない大きな責任を負っていることを認識しなければならない。

そして、選手たちの隠れた才能や長所を発見し、引き出し、チャンスを与え、それを活かす方法を教えてやらなければならない。それは指導者の使命である。

だから私は、この選手の長所はどこなのか、どこを直せば伸びていくのか、先入観や固定観念を排して徹底的に選手を観察する。

そのうえで、よいところがみつかれば、それを引き出し、活かせる場所を与えるわけだ。

たとえば遠山は、先発は無理だったが、左打者相手のワンポイントで生き返ることができた。

江夏も、持病のため先発完投能力はなくなっていたが、クローザーという役割を与えられたことで、「優勝請負人」という別称までたまわることになった。

✔ 適所が飯田の才能を引き出した

適所を与えられたことで眠っていた才能が開花し、大きく運命が変わったのが、楽天でもプレーし、現在はヤクルトでコーチを務めている飯田哲也である。

飯田の存在に気づいたのは、ヤクルトの監督に就任して最初のキャンプだった。初日に私はコーチにいって、足の速い選手を集めさせた。楽天でもそうだが、弱いチームはまず機動力を活かさなくては対抗できないからだ。

そのなかに飯田がいた。ただし、キャッチャーミットを持っている。飯田はキャッチャーとして入団してきたのだ。小柄で俊敏そうなのにキャッチャーとはめずらしいので、訊いてみると、「高校時代にやれといわれたから」だという。肩が強いからというのがその理由らしい。

「もったいない」と私は思った。私の見たところ、飯田はキャッチャー向きではなかった。身体が小さいし、なにより足を活かしたほうがよさそうに見えた。キャッチャーで立ったり座ったりを繰り返していると、足が遅くなってしまうのである。

なにを隠そう、私がそうだった。これでも入団当時は俊足だったのだ。そこで、とりあえず「野手用のグラブを買ってやるから」と、野手に転向させることにした。

最初はショートをやらせてみた。だが、ショートに必要な身のこなしに不満が残った。次にやらせたセカンドは悪くはなかったが、新外国人の本職がセカンドだということがわかったので、これも頓挫《とんざ》した。

そこで外野に回したのだが、これが見事に飯田の才能を引き出した。野性的ともいえる運動能力を発揮する最適なポジションだったのだ。

足と肩もさることながら、飯田には動物的な勘があった。打球を予知する勘、それに反応する力。これらは育てようとしても育てられない。

キャッチャーを続けていたら、これらは活かされなかったはずだ。それどころか、古田の陰に隠れて出場すらかなわなかったに違いない。外野手という適所を与えられたからこそ、その素質が花開いたのである。

✔シンカーで活路を見出した高津

米シカゴ・カブスとマイナー契約、解除後、現在は韓国プロ、ウリ・ヒーローズで活躍している高津臣吾《しんご》も、気づかされ、適所を与えられたことで飛躍的に伸びた選手だったといっていい。

ヤクルトのストッパーとして大活躍した高津ではあるが、亜細亜《あじあ》大学からドラフト3位で入団してきたときは、私の目には「プロでは厳しいな」と映った。

球速がそれほどないし、変化球も横の変化が中心。右打者なら通用するかもしれないが、左相手には苦労するのは明らかだったからだ。

ただし、精神的にはかなり強いものをもっているように見えた。その長所を活かし、私は高津を中継ぎとして短いイニングを任せられるようにしようと考えた。とはいえ、現状では左打者には通用しない。そこで落ちるボール、具体的にいえばシンカーをマスターさせることにした。

というのも、前年の日本シリーズで見た西武ライオンズの潮崎哲也のシンカーが強烈に印象に残っていたからだ。このシリーズで西武は巨人に4連勝したのだが、巨人のバッターは潮崎のシンカーにまったく手が出なかった。そこで、同じサイドスローの高津がシンカーを覚えれば強力な武器になると考えたのである。

高津は潮崎のビデオを見て、シンカーの習得に取り組んだ。しかし、なかなかうまくいかない。潮崎は中指と薬指でボールをはさんで抜くのだが、高津にはこれがうまくできないらしかった。高津はいった。

「人差し指と中指ではさんではダメでしょうか。こうすると、大きく落ちるのです」

ただし、この投げ方では潮崎のようなスピードは出ない。が、要は打者のタイミングを狂わせればいいのである。

「よし、それならやってみろ」

ということで高津はさらに工夫を重ね、オリジナルのシンカーをマスターした。オープン戦で試すと、見事に通用した。最初はセットアッパーとして起用した高津は、その後持ち前の気の強さを活かし、ストッパーに定着。セーブの日本記録をつくり、メジャーリーグでも活躍したのである。

✔もっとも大切なのは愛情

選手をよく観察するというのは、その選手をもっとよく知りたいということでもある。そして、それは言い換えれば、どれだけ愛情を持って接することができるかが重要だということだ。

「どうやって人を再生させるのですか」

よくそう訊かれる。すると、私はいつもこう答える。

「その選手に対する愛、そして情熱です」

そう、再生の根底にあるのは、愛情なのである。

2007年の日本シリーズで、中日の落合博満《ひろみつ》監督が完全試合を目前にしていた山井を交代させたことが話題となった。ここまではないにしろ、V9巨人を率いた川上哲治《てつはる》さんも、あとひとり抑えれば勝利投手の権利を手にするような状況で先発投手を代えることがよくあったという。

勝負に徹するという意味では、正しいことなのだろう。しかし、私にはできなかった。心では代えるべきだと思っても、その選手のことを考えるとどうしても非情に徹することができなかった。その選手が下積みの末にやっとチャンスをつかんだり、真摯に野球に取り組んでいたりするとなおさらだ。

私自身が貧乏育ちで一時は高校進学をあきらめざるをえないことがあったし、プロでも一度クビになりかけた経験があったということも影響しているかもしれない。

結果、何回も失敗した。それが監督としての私の限界だといわれればそれまでだが、ただ、それは人を育てることにおいて必要なことだと考えているのも事実なのである。なぜなら、実績の乏しい若い選手にとってなによりも自信になるのは勝ち星であり、それはスランプに陥ったり、あるいはケガから復帰したばかりだったりするベテランにしても同様だからだ。

だから私は、ピッチャーにゲキを飛ばし、なんとかがんばらせようとする。現役のころもそうだった。キャッチャーのなかには、打たれると投手の責任にするタイプもいる。「お打たれが要求するコースに投げなかったから打たれたのだ」というふうに。対して私は、打たれたら全部キャッチャーである私が悪いと考えた。

たとえば、バッターにはそれぞれクセや弱点があり、そのピッチャーにも長所と短所がある。それらをきちんと頭に入れ、配球を工夫していけば、打ち取ることができる。打たれたのであれば、私の工夫が足りなかったと思うようにしたわけだ。

もちろん、私がそう考えたのは、実績のない若い選手や他球団でお払い箱になった選手たちをなんとかして使っていかなければならない状況だったからであることは否定しないが、根本にはやはり、「この選手をなんとか一人前にしてやりたい」「成長してほしい」という愛情があったからだと自信を持っていえる。

第四章

弱い組織を再生させる

✔面接

「一度食事をしませんか」

東北楽天ゴールデンイーグルスの三木谷浩史オーナー（当時）から誘いがあったのは、2005年の秋、シーズンが終わろうとしていたころだった。

開幕から最下位にどっしりと座った楽天は、シーズン終盤になっても一向に浮上する気配を見せず、依然として負け続けていた。

その戦いぶりを知るにつけ、「そのうち監督をやってくれといわれるかもしれないな」と、半ば冗談ながら思っていたとはいえ、当時の私には所詮《しょせん》、ひとごとであった。

それに、まさか田尾安志監督が1年で解任されるなどとは夢にも思わなかった。

ご承知のように、1年目の楽天は38勝97敗1分、勝率は0・281という予想を超える惨《さん》憺《たん》たる成績に終わるわけだが、正直、あの戦力ではいたしかたなかっただろうし、さわやかなイメージの田尾は人気も高い。かりに私にオファーがくるにせよ、まだまだ先の話だと思っていた。

そこへの三木谷オーナーからの誘いである。私は訊ねた。

「食事だけですか？」

「そうです」とオーナー。

「私は野球のことをまったくわからないから、勉強したい。ぜひ、いろいろな話を聞かせてください」

「それならいいですよ」

ということで、私は指定された店に出かけていった。

事実、そのときは食事だけだったのである。その席にはオーナーに加え、井上智治さんというオーナー代行をされておられた方もいたのだが、食事会は野球談義に終始した。私は自分の野球観や外から見た楽天の印象、球団としてのあり方、そして強化にあたって何が必要かなど、訊かれるまま、思いつくまま述べたが、最後まで監督要請などという話題は一度も出なかった。

「なんのために呼ばれたのだろう」

私はいぶかしく思ったが、「ほんとうに野球の話が聞きたかったのだろう、来年の楽天の強化の参考にするのだろうな」と結論づけ、それ以上深くは考えなかった。

だが、じつはそれは〝面接〟だったのだ。

私がどういう人間なのか。いかなる野球観とビジョンを持っているのか。そして、楽天というチームを指揮するのにふさわしい資質を備えているのか。おそらくそうしたことを私の話から探り、判断しようとしたのだろう。そのための席だったのである。

そして、どうやら私は無事〝試験〟にパスしたらしかった。しばらくして井上さんから再び呼び出しがあり、そこであらためて正式に監督就任を要請されたのである。

✔選手の気持ちが監督から離れている

ただ、私はいった。

「田尾にもう1年やらせてみてはどうですか」

なにしろ文字どおりのゼロからスタートしたチームである。選手はいっては悪いが寄せ集めだし、1年目からすぐに結果が出るわけがない。まして田尾は監督を務めるのははじめて。手探り状態で暗中模索していたに違いなく、さまざまなプレッシャーや遠慮もあったろう。最初から結果を求めるのは酷というものだ。

この1年で彼なりになんらかの感触をつかめただろうし、真価を問うのはもう1年やらせてからでも遅くないと思ったのである。

すると、井上代行は「もちろん、そのことはわれわれも考えました」といって、こう続けた。

「田尾さんにとってもはじめての経験で、思いどおりにいかなかった部分はあったと思います。それでわれわれもいろいろ調べました。その結果わかったのは、どうやら選手たちの気持ちが監督から離れてしまっているようだということでした。田尾さんを信頼できないというのです。このままでは続投してもらっても同じことになってしまいます」

井上さんが選手に聞いたところによれば、田尾はじっとかまえていられないのだという。監督という仕事は、少しくらいうまくいかないからといって、あわてていけない。ましてそれを態度に表してはいけない。

確固たる意志をもって、毅然《きぜん》とした態度で「おれのいうとおりにしていれば必ず勝てる」と選手にいい続け、信じ込ませることができなければいけない。でなければチームはそこから崩壊していく。

しかし、田尾にはそれができなかった。すべてがはじめての体験で、そうするだけの自信を持てなかったのだろう。私にもその気持ちはよくわかる。南海時代は私もそうだった。せめてヘッドコーチにアドバイザー役を務められるような、経験豊富で信頼できる人間を置くことができればよいのだが、田尾にはそういう腹心もいなかったようだ。

ヤクルトと阪神で私のもとでコーチをしていた松井優典《まさのり》が楽天の2軍監督を務めていた

ので、その後私も彼に直接訊いてみた。

するとと彼もこういった。

「まったく人のいうことを聞かないんですよ。せっかちで……」

「たとえば、どういうところだ？」

「とにかくランナーが出たら、何かやらせないと気がすまないようなんです。鈍足の山﨑がランナーであっても走らせるんですよ」

なんとかしてランナーを得点圏に進めたい、点を取りたいと焦るのだと思う。結果が出ていないから、きっかけがほしいのだ。

しかし、やみくもに走らせてみたって、うまくはいかない。監督たるもの、その場面の状況はもちろん、選手の能力や相手の傾向、心理状態などあらゆる観点からどうすべきか考え、もっとも成功する確率の高い作戦を選択しなくてはならない。それが監督の仕事なのである。

田尾にはそうした状況判断ができず、したがって状況によって適材を適所に使うこともできなかった。野球には相手がいるということを忘れ、ただ自分の思うように選手を動かしたいと考えていたようなのだ。松井のほか数人の楽天関係者に訊いてみても、答えは同じだった。

✔田尾監督の解任

もうひとつ、楽天球団のフロントは田尾に対して、2年目を迎えるにあたってどのようなチームをつくろうとしているのかレポートにまとめさせたそうだ。

強いチームをつくるためには、選手や現場のスタッフはもちろん、フロントも含めた球団全体で監督が目指す野球を理解しなければならない。

しかし、1年目は時間がなかったこともあって、田尾の考えがフロントまで浸透していなかったのだという。だから、あらためて田尾がどのように2年目のシーズンに臨むつもりなのか確かめたのだ。

しかし、そのレポートは期待を裏切るものだった。勝てないことに対する言い訳を並べたものとしか、フロントには映らなかったそうだ。

「戦力が足りないから」——敗因を田尾はそう結論づけたという。たしかにそのとおりだろう。

だが、そんなことは誰の目にも明らかだ。楽天球団が聞きたかったのは、「その戦力でいかに戦うのか、将来どのようにチームをつくるのか、そのためには何が足らず、何がどれだけ必要で、どのくらい時間がかかるのか」ということだったのだ。

残念ながら、田尾がまとめたレポートは、その要求に応《こた》えるものではなかったらしい。具体的なビジョンを感じとることはできなかったようなのだ。

これでは監督を続けても同じことになる——フロントはそう判断せざるをえなかった。田尾の人気をもってすれば、たとえ2年目も最下位になったとしてもファンは応援してくれるかもしれない。しかし、3年目、4年目も負け続けたらどうなるか——。

「熱心に応援してくれるファンの期待を裏切るよりは、批判は受けるかもしれないが、泣いて馬謖《ばしょく》を斬り、勇気をもってチームづくりをしてくれる人物に将来をゆだねたほうがいい」

フロントはそう決断した。田尾解任は必ずしも成績不振だけが理由ではなく、球団の将来に光が見えないことにあったのである。近い将来、強豪と呼ばれるチームとなるために、楽天には「選手を育てた経験が豊富な人物」が必要だった。それで私に白羽の矢を立てたということだった。

✔ 仙台の新しい球団という魅力

非常に光栄であり、ありがたいことだと思った。ただ、一方で私は、正直こう感ぜずにはいられなかった。

「どうしておればかりが貧乏くじを引かなきゃいけないんだ」

楽天の戦力では、かりに1年目から田尾の代わりに私が監督を引き受けていたとしても結果は大差なかったろうし、ここで引き継いだとしてもすぐに優勝争いに加わることはおろか、Ａクラスだって難しいのは明白だった。

しかも、期待が高ければ高いほど、失敗すれば容赦ない叱責が待っている。当時私はシダックスの監督を務めていたし、年齢も70になっていた。あえて火中の栗を拾う必要はないように思えた。というのも、失敗したときの苦しみを、阪神時代の3年間で私はいやというほど味わったからである。

阪神は巨人に次ぐ歴史を持つ老舗《しにせ》球団だった。その人気は関西では圧倒的で、全国的にもいまや巨人をしのぐかもしれない。

が、それゆえ選手たちはファンやマスコミから甘やかされ、たいした実力がないうちから「自分はスターだ」と勘違いしている者が多かった。

球団も、その人気に甘えて本気でチームを強くしようと思っていない。弱くても客がくるからだ。下手に優勝しようものなら選手の給料を上げなければいけないから、「たまに優勝するくらいで充分だ」と公言してはばからなかった。阪神には、こうした体質が70年の長きにわたって醸造され、染み付いていた。そして、その〝悪しき伝統〟は、私の力では壊すことができなかった。

「人間には合う球団と合わない球団があるのだなあ……」

つくづくそう感じた。だから、楽天からオファーがあったときも、なにも好き好んで貧乏くじを引く必要はないではないかとも考えたのである。

ただ、阪神と違って楽天は新しい球団だった。阪神ほどの歴史も人気もない代わりに、悪しき伝統にも染まっていない。フロントのビジョンも熱意も伝わってくる。それならば、ヤクルトのときと同じように、一からチームをつくることができるのではないか。「鉄は熱いうちに打て」との格言もある。その意味では、私に向いているチームであるように思えた。

また、楽天が仙台をホームタウンにしていることも好ましく感じた。南海時代に私は、「フランチャイズを南海電車が通っている和歌山かプロ球団のない四国に移しませんか」と直訴したことがある。当時の大阪には、南海のほかに近鉄バファローズと阪急ブレーブスと、パ・リーグだけでも3チームもあったからだ。

同じ理由で、ヤクルトのときは「北海道に行きましょうよ」と進言したこともある。

プロ野球を活性化させるには、やはり地域密着が必要不可欠なのだ。当時から私はそう思っていた。結果として、運営にあたってプロ野球を〝反面教師〟にしたJリーグがその事実を如実に証明したわけだが、当時のプロ野球のフランチャイズはあまりにも偏っていた。それを少しでも是正しなければならないと思ったのである。

その後、南海がダイエーホークスに生まれ変わって福岡に移転。東京を本拠地にしていた日本ハムファイターズが北海道に移り、いずれも熱狂的なファンに支えられている。そんな状況下にもうひとつ、仙台に新たな球団が誕生した。

フランチャイズ分散による地域密着をさらに推し進める意味でも、歓迎すべきことであり、成功させる責任がある。微力ながらその一端を担うのも、私の責務ではないかと考えているのだ。

✔弱いチームを強くするのが生きがい

もうひとつ私は、1989年にヤクルトから監督就任要請を受けたときのことを思い出していた。

それ以前の南海時代にも私は監督を務めた経験があったが、このときはプレーイング・マネージャー、すなわち選手兼任だった。正直いって、そのころはまだ自分のことに精一杯。監督とは何たるかをほとんど理解していなかったし、どうやってチームを強くしていけばいいのかという方法論を持っていなかった。

独自にデータを集め、分析し、活用してはいたものの、それをチームとしてどう活かせばいいのかについても明確な答えはなかった。「将来は監督になるのだろうな」と漠然と思い描いていないわけでもなかったが、南海のチーム事情で予定より早くお鉢が回ってきたため、心構えもできていなかった。

だが、現役引退後、評論家として外から野球を見たことで、野球の本質とはいかなるものか、どうすれば勝てるかということが、おぼろげながらもわかってきた。

そして、自分が培ってきた経験も照らし合わせて、自分なりの野球観や哲学をテレビや新聞、講演などを通して訴えてきた。評論家生活は、気がつけば9年になっていた。

ヤクルトから打診があったのは、そんなときだった。私はパ・リーグ育ちだし、ましてヤクルトとは縁も所縁《ゆかり》もなかった。そこで私は相馬社長（当時）に訊ねてみた。

「どうして僕なんですか？」

社長は答えた。

「野村さんの解説を聴いたり、評論を読んだりして、〝ああ、野球はこうやって戦うものなのだ〟とわかった。こんな人に監督になってもらって、うちの選手たちに野球とはどのようにするものなのか教えてもらいたいと思ったのです。それでお願いしに来ました」

その言葉を聞いて私は、師と仰ぐ評論家の草柳大蔵さんからいわれたことを思い出した。現役を引退した私が、これからどうやって生きていけばいいのか思案に暮れていたころ、草柳先生は相談を持ちかけた私にこうおっしゃったのである。

「見ている人は見ているよ。仕事は絶対に手を抜いたらダメだ。全知全能を使ってベストを尽くしなさい。必ず誰かが見ているから」

だから、相馬社長の話を聞いて、「草柳先生のおっしゃったとおりだ、仕事は一所懸命やっておくものだな」と心底思った。そして、楽天から話をいただいたとき、そのことを思い出したのである。

いくら平均寿命が延びたといっても、70歳ともなればもはや〝過去の人〟とみなされてしまう。それが世の中というものであり、悲しいけれど現実である。

しかるに私には、私の仕事を見、評価し、求めてくれる場所があった。監督を引き受けることは、同世代の人々に勇気と希望を与えることにつながると思ったし、私をこれまで育ててくれたプロ野球に対する最後のご奉公かなとも感じた。

それに、何よりもやはり、私は弱いチームを強くすることが好きなのだ。生きがいといってもいい。現役から監督時代を通じてずっと、強いチームに勝つためにはどうすればいいのか、全身全霊を使って考え、準備し、実践してきた。そうしてきたからこそ、いまの私があるといっても過言ではない。

阪神で失敗しただけに、その汚名を返上しなければ私のプロ野球人生は終われないという気持ちもあった。

シダックスの志太《しだ》勤会長も「続けてほしいのはやまやまだけど、チャンスがあればプロでやるのが野村さんらしい」といってくれた。

ただし、楽天が1年目から結果を出すこと——最低でもAクラス——を求めているのなら、私は辞退するつもりでいた。私は3年をチームづくりの目安にしている。ヤクルトからオファーを受けたとき、私は相馬社長に訊ねた。

「1年目はまず畑を耕さなければならない。2年目にいい種を蒔いて、それを育てます。花が咲くのは早くても3年後です。それくらい気長に待っていただけますか？」

するとと社長は笑っていった。

「あなたには悪いけど、監督を代えたからといってうちのようなチームがすぐに優勝できるなんて思っていない。私は野球の素人だけれども、そのくらいはわかります。急がずにチームを育てて、選手を教育してやってください。好きなようにやってください」

ヤクルト球団は、必ずしも私が適任だと思っていたわけではなかったらしいが、この相馬社長の言葉に支えられ、私は結果を急がず、じっくりとチームづくりに取り組むことができた。それで3年目に優勝できたのである。

だから、楽天にも同じことを確認した。結果、相馬社長から受けたのと同じ答えが返ってきた。じっくりと強化に取り組めるという感触を得られたのである。

「わかりました。最善を尽くさせていただきます」

こうして私は、史上最高齢監督として、またもやプロ野球のグラウンドに立つことになったのだった。

あとがき

3年前の秋、私のもとに楽天の関係者から監督就任要請があった。そのときは非常に光栄なことであり、ありがたいと感じる一方でしかし、私には「どうしておればかり貧乏くじを引かなければならないんだ」との思いも、正直あった。

あの楽天の戦力では、これまでのチーム以上に苦労するのは目に見えているし、期待が高ければ高いほど、失敗したときのバッシングもすさまじい。阪神時代の3年間で私はそれをいやというほど味わっていた。

なにも齢《よわい》70にもなって、あえて火中の栗を拾う必要はないだろうと思ったのである。

だが、私はもう一度考えてみた。

「70歳になって働き口があるのはすばらしいことなのではないか……」

世の中には働きたくても働けない70歳がいる。というより、ほとんどの人がそうだろう。年齢という壁だけで、それまでの人生で培った経験や知識を活かしたくても活かせない、若い人々に伝えたくても伝えられない人がどれほど多いことか。

にもかかわらず、私には望まれて行く場所がある。これは感謝すべきなのではないか。70歳になっても、まだまだ現役で仕事ができるということを私が身をもって示すことができれば、同世代の人たちにとっての励ましになるだろうし、そうすることは半世紀の長きにわたって私を育ててくれたプロ野球界への最後の恩返しになるかもしれない。

それに、人間は「挑戦」へ、挑む気持ちを忘れたら終わりだ。私はそんなことを考えた。

だが、そうしたこと以上に私を突き動かしたのは、「やはり私は弱いチームを強くすることが好きなのだ」ということだった。

どうすれば弱者を強者に生まれ変わらせられるか。全知全能を使って考え、準備し、実践する。これは私の生きがいだといってもいい。

もはや迷いはなかった。「お引き受けします」私はそう返事をした。


それから早くも2年が過ぎ、いま私は契約最終年となる3年目のシーズンを戦っている。

チームを預かる際、私は3年をひとつの目安にしている。すなわち、「1年目は畑を耕し、2年目に種を蒔いて育て、3年目に花を咲かせる」わけだ。つまり、今年2008年は花を咲かせるとき、まさに勝負の年である。

ヤクルトでは1年目は5位、2年目に3位、そして3年目にリーグ優勝した。阪神では3年連続最下位に終わり、楽天の1年目も最下位から脱出できなかったが、2年目は4位に浮上し、ヤクルトと同じような軌跡を描いている。

実際、私の感触では最低でもAクラスは充分可能だと思っているし、それだけの手ごたえがある。なぜなら、私の目指す野球、弱者としての戦い方が、ようやくチームに浸透してきたと感じられるからだ。

人望がないからなのか、これまで一度も選手たちから「監督を胴上げしたい」といわれたことがない。阪神時代はもちろん、ヤクルトのときでさえ、少なくとも私は選手がそう話すのを聞いたことがなかった。

王が病気のため休養を余儀なくされたときだったか、松中信彦や小久保裕紀らソフトバンクの選手が「優勝して王監督を胴上げしたい」と話しているのを何度か見た。そのたびに「王は幸せだなあ」と、うらやましく思ったものだ。

が、山﨑が著書のなかでこう書いているのを知った。

「これまで多くの監督の下でプレーしてきましたが、『どうしても胴上げをしてみたい』と思ったのは、野村監督が最初で最後です。

人情味に厚く、勝敗だけでなく、『いかに選手を育てるか』にまで心を砕く監督なんていません。なんとか頑張ってAクラスに入り、最後には優勝して野村監督を胴上げしたい」

人にほめられるのに慣れていないので、非常に照れくさかったが、私はとてもうれしかった。田中も2008年のシーズン前にテレビのインタビューで「今年は優勝を目指します。

監督を胴上げしたい。そのために僕ができることを最大限やりたい」と語っていた。

キャンプインにあたってのあいさつで私は、「今年は優勝したい」と思わず口走った。自分でも不思議だった。なぜなら、これまで長いこと監督をやってきて、「優勝」という言葉を口にしたことは一度もなかったからだ。ヤクルト時代でさえ、そうだった。

にもかかわらず、なぜ「優勝」の二文字が口から出たのか。

ひとつは、「今年が最後」という私の決意。そしてもうひとつはやはり、私のなかに手ごたえがあったからだろう。

優勝するために何よりも必要なのは、やはり投手力である。2007年のシーズン、楽天の防御率はリーグ最下位だった。

にもかかわらず、4位につけた。ということは、投手陣がもう少しなんとかなれば、少なくともAクラス以上を狙えることになる。

そのカギとなるのは、この2年間、満足に投げられなかった岩隈であることはいうまでもない。田中は間違いなく前年以上の活躍をする。

したがって、岩隈の右腕に今季の楽天がかかっているといっても過言ではない。

私は開幕投手に岩隈を指名した。残念ながら、ドミンゴが打たれて逆転負けを喫したが、岩隈は見事なピッチングを見せ、2度目の登板となったオリックス戦で4年ぶりの完封勝利をあげた。田中はもちろん、永井も成長を見せているし、抑えの福盛は海を渡ったものの、昨年後半から擡頭してきた小山伸一郎が穴を埋めてくれるだろうし、故障で出遅れたルーキーの長谷部康平も戻ってくる。

4連敗と最悪のスタートとなった今季だが、山﨑が選手たちを集めてこういった。

「まだ4敗じゃないか。あわてる必要はない。内容はいいのだから、自信をもってやろう。第一、球団1年目にはこういう悔しさも手ごたえもなかったじゃないか！」

事実、5戦目のオリックス戦に永井の好投と打線の爆発で初勝利をあげると、そのまま7連勝を飾り、序盤とはいえ球団初の首位にも立った。課題だった先発投手陣が安定、3年目の青山浩二をドミンゴに代わってリリーフに起用したことで、勝ちパターンを確立できた。山﨑やフェルナンデスをはじめ、打線は今季も悪くない。

もちろん、シーズンは長いからこれから何度となく苦境に陥るに違いない。

けれども、この2年間で少しずつ具体的な成果となってあらわれはじめた無形の力をもって戦えば、必ずやライバルチームに伍《ご》していけると私は信じている。

最悪でも3位までに入れば、クライマックスシリーズに出場できる。とすれば、日本一は決して夢ではない。

「まだまだやな……」

そうぼやきながらも、ほんとうに胴上げされる日の光景を心のどこかに描きつつ、今日も私はグラウンドに立っているはずである。

野村ボヤキ語録

～人を変える言葉、人を動かす言葉～

「見ている人は見ているよ」

「おまえ、ようなったな」

南海ホークス（現・福岡ソフトバンクホークス）の監督だった鶴岡一人さんがかけてくれたこのひとことがなかったら、私はこれほど長くプロ野球選手の世界で生きていくことはできなかったかもしれない。

たったひとことの言葉でも人生をも変える力があるのだ。

契約金なしのテスト生として南海に入団し、ブルペンキャッチャー要員からはいあがってようやくレギュラー・ポジションをつかみかけたころだった。いまはなき大阪球場の通路ですれちがいざま、鶴岡監督はこの言葉をかけてくれたのだった。

鶴岡監督は、絶対といっていいほど自軍の選手をほめない人だった。どういうわけか私にはとくに厳しく、いつも叱られてばかりいた。

「いつか絶対おれのことを認めさせてやる！」

反発しながらもその一心で私は毎日懸命に野球に取り組んだ。それだけに「ようなったな」と思いがけない言葉をかけられたときは一瞬とまどい、驚いたが、次の瞬間、大きな喜びがこみあげてくるのを禁じえなかった。

「ああ、監督はおれのことをちゃんと見てくれていたんだなあ……」

あの感激はいまだに忘れていない。あのとき、私は心に強く誓ったものだ。

「よし！　監督の期待に応《こた》えるためにも、もっともっとがんばらなければいけない」

その気持ちがそれからの私を支えた。どんなに苦しいことがあっても、スランプで眠れないほど悩んでも、「監督が自分を見ていてくれる、期待してくれているんだ」と考え、乗り切ることができたのである。

人からかけられた言葉で、もうひとつ忘れられないものがある。

野球評論家1年目のことである。解説が終わり、新聞の原稿が完了し、家路についている心境は良かったのか、悪かったのか、さっぱりわからず何と頼りない仕事かと、何ともいえない気持ちだった。そんなある日、

「見ている人は見ているよ」

師と仰ぐ、評論家の草柳大蔵さんから言葉をかけてもらった。この言葉をかけられたの

は、西武ライオンズを最後に現役生活を終えたときだった。

野球しか知らず、ほかにとりえのない私はそのとき、これからどのように生きていけばいいのか思案に暮れていた。ありがたいことに講演や野球解説のオファーはたくさんいただいたものの、元来口下手で愛想もない私は、講演の舞台に立ってもしどろもどろ。そのうえ、処世術に長《た》けているとはお世辞にもいえない。とても自分には無理だと感じはじめていた。それで、これからどうすべきなのか、以前から知遇を得ていた草柳さんに相談をもちかけたのである。

私の話を聞いた草柳さんは、「見ている人は見ているよ」といい、さらにこう続けた。

「口下手であるとか、処世術なんて問題じゃない。いい解説、いい評論をしていれば、必ず誰かが見て評価してくれる。だから、絶対に手を抜いてはいけないよ」

正直いって、当時の私には草柳さんのいっていることがどういう意味なのかはっきりとは理解できていなかったと思う。けれども、草柳さんがそういうのだからと思い、とにかく誰にも負けない解説をしてやろうと、全身全霊をかけて打ち込んだ。そして9年が過ぎたとき、ヤクルトスワローズの球団社長だった相馬和夫さんが私の前に現れ、こういった。

「ぜひともヤクルトの監督を引き受けてほしい」

現役を退いてからというもの、私はグラウンドで選手を指導することはまったくなかったし、ましてヤクルト球団とは縁もゆかりもない。それで「なぜ私に?」と理由を訊《たず》ねると、相馬さんは答えた。

「野村さんの解説を聞いたり、評論を読んだりして、野球とはこうやってやるのかと感じ入りました。ぜひ監督としてうちの選手を鍛えてほしいのです」

「そうか! あのとき草柳先生がいった言葉の意味は、こういうことだったのか」

そのときようやく私は草柳さんの言葉を理解した気がした。

「一所懸命仕事をしていれば、誰かが必ず見ていてくれ、認めてくれる。先生はそういっていたんだ!」

そして、「これからも絶対に手を抜いたりしてはいけない」とあらためて自戒し、全身全霊をかけて監督業に打ち込んだ。結果、在任9年間でリーグ優勝4度、うち日本一に3回なることができ、その後も阪神タイガースと東北楽天ゴールデンイーグルスで指揮を執ることになった。これも草柳さんの言葉を信じ、実践してきたからだと思っている。

鶴岡さんが「ようなったな」といってくれなかったら、私は野球選手として大成しなかったかもしれない。そうなれば、もっと早くに野球界を去ることになっていた。

草柳さんに「見ている人は見ているよ」といわれなかったら、とおりいっぺんの解説や評論でお茶を濁したかもしれず、そうなっていれば相馬社長の目に留まることもなく、ヤクルトからオファーを受けることはなかったに違いない。とすれば、阪神と楽天の監督になることもなかっただろう。

鶴岡さんと草柳さんの言葉がなかったら、私の人生はずいぶんと違ったものになったはずだ。逆にいえば、指導的立場にある人間が発する言葉は、成長の過程にある人間にそれほど大きな影響を与えるのである。したがって指導者たるものは、自分の言葉の持つ重みをつねにかみしめておく必要があるのだが、しかるに当の指導者たちはその事実をどれだけ深く受け止めているのだろうか——。

じつは、かくいう私もかつては言葉の重要性をほんとうに認識していたとはいえなかった。南海のプレーイング・マネージャーとして現役時代からチームを率い、選手を指導しなければならない立場にあった私ではあるが、いま振り返ってみれば、言葉というものが自分の考えを伝えるためにどれほど大切なものであるか、人を動かすためにどれだけ大きな意味を持つかということを、心から理解していたかといえば疑問であるといわざるをえない。

その証拠に、現役を退き、評論家としての生活をスタートさせた私は、すぐに言葉の壁にぶつかった。いま述べたように、私は現役のころから若手選手を指導することが少なからずあったわけだが、そこで相手にしていたのは同じ野球選手。以心伝心というか、あえて言葉にしなくても気持ちで伝わるという部分が多分にあった。私自身、まだ若かったこともあり、技術指導においては自ら手本を示すこともできた。

しかし、評論家になってからは、試合解説にしろ、講演にしろ、評論にしろ、一般の人々が視聴者、聴衆、読者となる。そういう方々は野球経験者とはかぎらないどころか、むしろプレーしたことがない人のほうが多いと考えたほうがいいし、なかにはルールすら知らない人もいるかもしれない。そんな人たちにも野球の魅力や醍醐味《だいごみ》、奥深さを知ってもらうためには、そして野球というスポーツに感動してもらうためには、わかりやすい言葉で、心に響く言葉で語るしか方法はないのである。

私には、野球に対する知識や理論、情報においてはほかの評論家の誰にも負けないという自負があった。けれども、いくらそうしたものを持っていようと、それを言葉に置き換えて伝えることができなければ、一般の人が理解できるものではない。自らの野球哲学、野球思想を伝えられるだけの言葉を獲得しなければならないのである。

しかるに、当時の私は言葉を持っていなかった。だから最初のころは、思うこと、持っているものの半分も伝えられなかったと思う。そのもどかしさとストレスから円形脱毛症を患ったことすらある。

「感じて動く」

「なんとか言葉を獲得しなければならない」

そう考えた私は、活路を書物に求めた。まずは草柳さんに薦められた『活眼活学』という本を読み、あらためて自分の無知蒙味《もうまい》ぶりを知らされた私は、それからあらゆる本を読みふけったものだ。とりわけ中国の古典からは学ぶべきものが多かった。印象的な箇所には赤線を引いたり、書き写したりしながら、そこにさらに自分の考えを加えることで、少しずつ自分自身の言葉にしていった。このときの経験と得たものは、のちに監督になったときにおおいに役立つことになった。

ヤクルトでも阪神でも楽天でも、私がミーティングにおおいに力を入れたということはこれまでにいたるところで述べてきた。おおげさに聞こえるかもしれないが、命を賭《と》していたといっても過言ではない。というのも、ミーティングは監督が選手の信頼を勝ち得るための最良の機会であるからだ。

なかでも肝心なのが開幕前の春季キャンプで行うミーティングである。オフのあいだ、野球と距離を置いていただけに選手の頭は新鮮だ。野球をしたいという欲求も高まっている。そんな状態の選手に野球に関する知識はもちろん、自らの哲学や思想を叩《たた》きこめば、

「監督は野球だけでなく、あらゆることをよく知っている。すごい！」と驚き、感動する。「感動は人を変える根源である」といわれる。「感動」とは読んで字のごとく、「感じて動く」ことだ。感動させれば、人は自然と動くのである。

では、自分が持っている知識なり哲学なり思想なりをどうやって選手に注ぎこみ、感動させるのか――。

いうまでもない、言葉である。先ほど評論家時代の経験がおおいに役立ったと述べたのは、これが理由だ。選手に自分の理想や思想・哲学を理解してもらおうとすれば、理路整然としたわかりやすい言葉で語らなければならない。たとえ本や人から仕入れたものであったとしても、それをそのまま引用するのではなく、自分なりに翻訳し、血の通った、いわゆる生きた言葉で語ることが必要なのである。

プロ野球の監督という職業は、いわば〝人使い業〟であるといっても過言ではない。仕事の大部分をそれが占める。そして、人を使い、動かし、ひいては集団を率い、動かすために何が必要かといえば、言葉しかないと私は考えている。もし選手が目指す方向を理解できないのなら、何度でも、嚙《か》んで含めるようにして、手を替え品を替え、懇切丁寧に説明しなければならない。そうすることではじめて選手との信頼関係は築かれていく。信は万物の素《もと》をなす。だからこそ、指導者は言葉を持たなければならないのだ。これは、ビジネスの世界でも同じではないかと思う。

ところが、一般にこれまでの日本の指導者は言葉を軽視しがちだったように私には見える。とくに芸能や職人の世界では、技術は「見て盗むもの」という考え方が主流で（これは野球界も同様であった）、いちいち言葉で説明し、手とり足とり教えることなどなかった。「言葉で教えられるものではない」という認識もあったのだろう。

もちろん、何よりも大切なのは本人の姿勢であり、また、ひとつのことを長い時間かけて追求していく芸能や職人の世界はそれでもかまわないのかもしれない。いや、技術というものは、すべからくそうやって継承されていくものなのだろう。

ただし、そうであっても、選手なり、部下なり、弟子なりが仕事に対して真摯《しんし》に取り組む姿勢を持てるかどうかは、指導者が本人の意欲を引き出せるかどうか、そのような気持ちを持てるように仕向けられるかどうかも大きく影響する。そして、そのために力となるのはやはり、言葉なのである。

先に「いまの指導者はどれだけ言葉の重要性を認識しているのだろうか」と述べた。いや、昨今は言葉の大切さが強調されているから、それなりに意識はしているのだと思う。しかし、意識するからこそ、どのように部下に接すればいいのか、どのような言葉をかければいいのか、悩んでいる方も多いのではないかと想像する。

本書で私は、主に監督として選手たちをどのように導いてきたかということを、「言葉」という観点から語っていきたいと思う。これまで出会ったさまざまな個性を持つ選手たちに対して、いかなる状況で、どのような言葉をかけることで彼らのやる気を引き出し、才能を開花させ、あるいは再生させてきたのか、具体的なエピソードを通して紹介していこうと考えている。悩める読者の方々のヒントとなるとともに、言葉の大切さを再認識していただくきっかけになれば幸いである。

小さなボヤキも永遠なりである。

第一章

やる気を引き出す言葉

「おまえはおれと似てるなあ」

「もう少し頭を使ったらどうだ？」

私のこのひとことが山﨑武司の復活を生むきっかけになったということは、これまでいたるところでしゃべったり書いたりしてきた。もはや盛りを過ぎたと見なされ、オリックスを解雇されて楽天にやってきた山﨑は、それまでただ来る球を打っているバッターの典型だったが、私のアドバイスにより配球を読むようになったことで劇的に成績を向上させたのだった（バッティングは打席の中で〝備え〟が非常に重要なのである）。

しかし、私と出会う前、山﨑は「野村とは合わない」と決めてかかっていたらしい。私の楽天監督就任が決まったときには、「おれの野球人生は終わりだ」と本気で思ったと語っている。そんな彼が、どうして私のアドバイスに素直に耳を傾けるようになったのか。それは、私が何気なく発したこういう言葉がきっかけだったという。

「おまえは誤解されやすいタイプなんだな。おれも昔はそうだったからよくわかる」

山﨑が私のことを快く思っていなかったのと同じく、じつは私も楽天でじかに接する前は、彼に対していい印象を持っていなかった。というのも、中日ドラゴンズ時代から自己中心的な態度でプレーしているように見えたからである。持って生まれた才能に頼ってきた選手は往々にしてそうなのだが、団体競技なのに個人競技としか思えないばかりか、周りにも悪影響を与えかねない。山﨑もそういうタイプだと私には映っていた。

実際、久米島で行われた春季キャンプの初日、私は報道陣に向かってこういった。

「山﨑は（ユニフォームの）ズボンの裾《すそ》が長い。そんなズボンをはいていてケガをしたら罰金だぞ！」

「ユニフォームは舞台衣装だぞ」

私の発言を聞いた山﨑はこう思ったという。「なんでそんなことまでいわれなければいけないんだ」と反発したそうだ。

私のほうも「こいつは変わらんな」と思っていた。そんな私の印象に変化があったのは、キャンプが中盤を迎えたころだったろうか。ある日、ミーティングの際に山﨑の姿が見当たらなかった。それで翌日、打撃コーチの池山隆寛に「おい、昨日、山﨑はミーティングにいたか」と訊ねると、池山は「いや、いましたよ」。「そんなはずはない」と思った私は山﨑本人に直接確かめた。すると山﨑も「監督の隣にいましたけど」という。

「そうか……」

それから私はいい機会だと思い山﨑と1時間近く話し込んだ。彼とじっくり話をするのはそのときがはじめてだった。誤解したことに対する照れ隠しもあって、「おまえは見栄えが悪く誤解されやすいタイプだなあ」などとひとしきり私の山﨑評を言ったあと、「おまえはおれと似とるなあ。誤解されやすいだろう」とポツリといったのである。話を聞きながら「なんで怒られなければいけないのだろう」と感じていた山﨑は、「おや？」と思ったらしい。

以降、私は以前にも増して山﨑をよく観察するようになった。山﨑も私が彼を見ていることを感じたという。人間というものは、自分の存在をいつも気にかけてくれる人がいるという実感を持てるとうれしいものだ。山﨑の場合はとくに、中日、オリックスの監督と衝突し、腐りかけていただけに、なおさらだったのだろう。私に対する見方を変え、私のいうことに素直に耳を傾けるようになった。私もちょくちょく言葉をかけるようにした。山﨑が私の話を受け入れるようになったのには、このような経緯があったのである。

指導の第一歩はやる気を引き出すこと

このように山﨑の復活の根底には、何気ない私のひとことで彼がやる気を取り戻し、アドバイスを素直に受け入れられる状態が整ったということがあった。このことは逆にいえば、選手が持てる能力を発揮し、さらに成長するためには、本人が自ら変わろうとする意欲を指導者が引き出してやることがいかに大切かということを示している。

人間というものは、無理やり強制されて何かをやっているときは、なかなか結果が出るものではない。モチベーションが上がらず、「やらないと怒られるから」という理由だけで、ただいわれたことをこなすだけになってしまう。

むろん、プロとして飯を食っている以上、嫌々仕事をすることなどあってはならないし、まして「気分が乗らない」などと口にするのはたんなる甘ったれの戯言《ざれごと》、どんな世界でも一流になれるわけがない。しかし、やらされている状態からなかなか抜けられないというケースは——本人が自覚しているか否かは別にして——野球選手にかぎらず少なくないのではないか。

また、新人のころは遮二無二仕事に取り組んでいても、ある程度の経験を積み、それなりの実績を残すと、どうしても満足してしまい、それが妥協を生んで、「この程度でいいや」とそれ以上の努力を厭《いと》うようになるケースは非常に多い。山﨑のように、指導者とソリが合わずに腐りかけてしまう場合もある。プロの世界では妥協、限定、満足は禁句なのである。

こうした状態では、いくら有益なアドバイスを受けても、聞く耳を持っていないから耳に入らない。当然、身につくものも身につかないのである。

しかし、何かのきっかけで本人のやる気が引き出され、自分から能動的に取り組むようになれば、不思議なものでたとえ同じことをやっても結果はまったく違ってくる。どうすればよい結果が出るか、自分から考えるようになるし、そこから創意工夫が生まれるからである。それで結果としてうまくいけば、自信が生まれ、さらに向上心が高まり、より高みを目指すようになる。正の連鎖が生まれるわけだ。それが成長するということなのである。

とすれば、指導者がまずすべきことは、選手や部下のやる気を引き出し、物事に能動的に取り組むように仕向け、自信を持たせるということだろう。そして、彼らが新たな壁にぶつかったとき、それを乗り越えるきっかけをどれだけ与えてやれるか、ということである。突き詰めれば、指導者の役割とはそこに尽きるのではないかと思う。

そして、そこでも重要になるのはやはり言葉である。ただし、どういう言葉をかければいいのかは一様ではない。相手の個性や性格、成長過程のどのような段階にあるかということ、さらには置かれた状況などによって異なるのだ。そこで、これまで私がどのような言葉をかけて選手のやる気を引き出してきたかについて、いくつかのケースを述べていくことにしよう。

「来年はおまえに期待している」

山﨑が楽天の打の中心なら、投の中心は岩隈久志であった。前にも述べたように、私は中心選手にチームの鑑《かがみ》であることを求める。つまり、ほかの選手の手本とならなければいけないのだ。日ごろから中心選手が率先して範を垂れれば、ほかの選手も「自分も見習わなければならない」と気を引き締め、おのずとチーム全体がよい方向に向かう。ところが、中心選手が自分のことしか考えなかったり、「試合で結果を出せばいいのだろう」という態度でいたら、周囲も同じようになってしまう。

ことほどさように中心選手の言動はチーム全体に大きな影響を及ぼすのであるが、しかるに岩隈は、性格的におとなしいこともあってか、「チームのために投げる」という意識が希薄であるように見えた。かりにも「エース」と呼ばれるなら、ここぞというときには「なにがなんでも完投してやる」という気概がほしい。にもかかわらず岩隈は、勝ち投手の権利を手にすると、自ら降板を申し出ることが多かった。

「エースがこれではチームに悪影響を与える」

そう考えた私は、岩隈に対して盛大にぼやいた。いわく「すぐマウンドを降りたがる」、いわく「ガラスのエース」、いわく「岩隈さんは100球肩だなあ」……ことあるごとに私は岩隈を「非難」した。はたから見れば、厳しすぎると見えたかもしれない。

しかし、いうまでもないが、それは彼に対する期待の裏返しであった。ぼやきや非難は、いわば理想主義の表れである。理想が高いからこそ、その選手にかける期待が大きいからこそ、そこに届かなかったり、応えてくれなかったりした場合はそれだけぼやきと非難も大きくなるわけだ。

よくいうのだが、人間は無視・賞賛・非難の順で試されるのである。人間の成長は、「なんとかして自分の存在を認めてもらいたい」と思い、努力することからはじまる。だから、なんの結果も出していない選手は「無視」してかまわない。そうやって少し成長の跡が見えてきたら一転、今度は「賞賛」する。人間はほめられれば誰だってうれしい。賞賛されることで「もっとがんばろう」という、いい意味での欲が引き出されるからだ。ところが、賞賛してばかりではまだ成長の途上にあるにもかかわらず自分は一流なのだと勘違いしたり、満足してしまったりすることになる。そうなれば、それ以上の努力を厭うようになり、必然的に成長は止まる。そうならないために、「おまえはまだまだできるはずだ」との願いを込めて「非難」するのである。私が岩隈を徹底的に非難した真意はそこにあった。

非難されて発奮しないようでは所詮《しょせん》、一流半程度の選手にしかなれない。ただ、非難される一方では、さすがに耐えきれなくなることもある。私が日ごろ叱られてばかりだった鶴岡監督に「最近ようなったなあ」といわれたことでいっそう奮起したように、ムチを使うためにはときにはアメも与えなければならない。

楽天の監督になって1年目のシーズンが終わった2007年のオフだった。前年わずか1勝しかあげられなかった岩隈は、その年も5勝に終わった。その最大の原因は肩の故障にあることはもちろん承知していたし、2年間をほぼ棒に振ったことや私に非難され続けたことで、岩隈が精神的につらい時期にあるということにも私は感づいていた。

「岩隈にも、非難は期待の裏返しであることを伝えておかなければならないな」

そう思った私は、岩隈を呼んでいった。

「来シーズンのカギを握っているのは、やっぱりおまえだぞ」

「うれしかった」

のちに岩隈はそう語っていた。あまりに非難ばかりされるので、それまでは腹を立てたらしいが、私が期待していることを知り、以来、私の愚痴やぼやきを励ましだととらえられるようになったそうだ。

事実、翌シーズンの岩隈はキャンプから飛ばし、最終的に21勝4敗、防御率1・87というすばらしい数字を残してタイトルを総ナメ。翌2009年もほぼ1年を通してローテーションを守り、楽天の躍進に貢献しただけでなく、日本ハムとのクライマックスシリーズ第2ステージ第4戦では、第2戦に完投したにもかかわらず、自ら志願してリリーフのマウンドに立ってくれた。名実ともに楽天のエースと呼べるまでになったのである。

「おまえ、ピッチャーやりたくないか?」

岩隈と対照的な接し方をしたのが、阪神タイガースの新庄剛志だった。

1999年に阪神の監督に就任した私が、最初のキャンプで外野手の新庄にピッチャーをやらせたのを憶《おぼ》えておられる方は多いと思う。それまで強肩といわれる外野手を何人も見てきたが、なかでも新庄は別格だった。外野からの送球を見るだけでほれぼれとするほど。しかも背が高く、手足も長くて身体つきもピッチャータイプ。なによりその目立ちたがり屋の性格がピッチャーに向いていると私は見ていた。

「これほどピッチャーとしての適性を持った男を、どうしてマウンドに立たせなかったのか――」

私はあらためて思った。なにしろ当時の阪神には140キロ台後半のストレートを投げられるピッチャーはいなかった。やらせてみてダメであっても、外野にすぐに戻せる。私は新庄に訊ねた。

「おまえ、いちばんやりたいポジションはどこだ？」

「そりゃピッチャーですよ」

新庄は即答した。

結果からいえば、新庄がピッチャーとして公式戦のマウンドに立つことはなかった。それはそれで残念な気持ちもあるのだが、新庄にピッチャーをやらせた真意はじつは別のところにあった。そう、楽しく野球をやらせるのが狙いだったのである。

前年の秋季キャンプの際、彼にバッティングの基本的なことをひとつふたつアドバイスしたことがあった。ごくかんたんなことだ。ところが私が最後まで言い切らないうちに彼はこういったのである。

「ちょっと待ってください。それ以上いわれてもわかりません。続きはまた今度」

それ以前、ヤクルトの監督として外から新庄を見ていた私は、「なぜ、あれだけの才能に恵まれながら、2割2分そこそこしか打てないのか……」と疑問に感じていたのだが、このとき、その理由がわかった気がした。

しかし、最下位が定位置となってしまっているかのようなチームを強化するには、新庄の力が不可欠だ。なんとしてもそのおそるべき潜在能力を引き出さなければならない。そのためには、それまでと同じ指導をしていてはダメだと思った。私自身も変わらなければいけないとこのとき悟った。

人を動かすには「論理」「利害」「感情」の三つがあるといわれる。これにあてはめると、新庄の場合は「論理」で動かすのは不可能だ。それどころか、個性が死んでしまう。かといって「利害」で動かすにしても実際に給料を出すのは球団である。となると、やはり「感情」で動かすしかないと私は確信した。つまり、楽しくやらせてやるしかなかったのだ。それがピッチャーをやらせた理由だった。

打順も「何番を打ちたいんだ?」と訊《き》くと、「そりゃあ4番ですよ」と悪びれずにいうので4番を打たせた。むろん、これには「地位が人を育てる」という願いも込められていた。結局、私が新庄の力を引き出せたかといえば、必ずしもイエスとはいえないかもしれない。けれどもキャンプで新庄は、午前中はバッティング、午後はピッチングと、じつに楽しそうに野球をしていたものだ。

ピッチャーを経験したことでバッティングにもいい影響が出た。いわばダメもとでピッチャーをやらせたのは、じつはストライクをとることがどれだけ難しいか理解させる目的もあったのだ。おかげでクソボールを振ることがなくなったし、下半身の大切さも理解したのだろう、それまでは上半身ばかりに頼ってバッティングをしていたのが、下半身も使うようになり、バランスがよくなってきた。

その年、新庄は2割5分5厘をマーク。翌年は2割7分8厘、ホームランも28本を放ち、アメリカへと飛び立ったわけだが、彼は自著のなかでこう書いているそうである——「野村監督の言葉で力を出すことができた」。

「この試合はおまえに任せた」

徹底的に非難した岩隈と、ひたすらおだてて持ち上げた新庄。やり方は正反対だったが、私が込めた気持ちは同じだった。すなわち、期待である。どちらに対しても私は大いなる期待を込めていた。その気持ちの伝え方を、それぞれのタイプに応じて違《たが》えただけなのだ。

人は、みんな自己の重要感をもって仕事をしているから自分が期待されていると実感できればうれしいし、やりがいを感じる。なんとかしてそれに応えたいと思うのは当然である。その気持ちがさらなる成長を促すのである。

加えて、そういう強い気持ちが結果として持てる以上の力を引き出すことがある。その意味でとりわけ印象深いのが、荒木大輔の復活劇だった。

ヤクルトの監督になって3年目、1992年だった。「花を咲かせる」と私が語ったこのシーズン、ヤクルトは7月に首位に立ったが、9月に入って大失速。阪神に逆転され、10月になっても調子が戻らないでいた。私は思っていた。

「なんとか流れを変えなければいけない」

そのために私のとった策は、大ばくちを仕掛けることだった。10月3日、負ければほぼ優勝の可能性が消滅するという中日ドラゴンズ戦の先発に荒木を指名したのである。荒木は1988年にひじを痛めて以来、ほぼ4年ぶりに1軍に戻ってきたばかりだった。その間、まったく実戦で登板していない。しかも、かつての球威は戻っていなかった。そんな荒木を、大事な試合になぜ先発させたのか――。

彼の闘争心にかけたのである。甲子園という大舞台で数々の修羅場をくぐりぬけてきたその精神力を買ったのだ。荒木の闘争心と精神力は、満足に投げられない悔しさと不安のなかで過ごした2軍での生活でさらに高まっているに違いなかった。そうした荒木の強い気持ちが不甲斐《ふがい》ない状態のチームに喝を入れてくれるとも思った。

「僕でいいんですか?」

先発を伝えると荒木は訊き返した。そこで私は荒木の目をみつめていった。

「そうだ。おまえが先発だ。この試合はおまえに任せたぞ!」

荒木は奮い立ったに違いない。私の期待に見事に応え、7回を無失点に抑えてチームに値千金の勝利をもたらしたのである。これで生き返ったチームは、そこから負けなしの4連勝。最終戦で宿敵・阪神を倒して念願のリーグ優勝をつかんだのだ。

じつは私自身は忘れていたのだが、荒木を1軍に上げる前、私は荒木を、やはり故障のため2軍にいた高野光というピッチャーとともに神宮球場の監督室に呼び出したことがあったらしい。ところが荒木にいわせると、そのとき私は高野に声をかけるだけで、荒木をまるっきり無視したのだという。つまり、「無視・賞賛・非難」のうち、当時の荒木は「無視」の状態と判断したのだろう。結果として荒木は「監督を絶対に見返してやる、こっちを向かせてやる」と強く誓ったそうだ。その気持ちが、大舞台での会心のピッチングにつながった——荒木はそう語っていた。

「わしは腹をくくった」

成本年秀というピッチャーも、期待に応えたいという強い気持ちをボールに込めて甦《よみがえ》ったひとりだった。

私が成本と出会ったのは、阪神の監督になって2年目のシーズンオフのこと。成本は千葉ロッテマリーンズで抑えとして活躍していたピッチャーで、1996年にはセーブ王に輝いたが、翌年右ひじ靱帯《じんたい》を断裂。手術、リハビリを経て1999年に1軍に復帰したものの、その年かぎりで解雇され、阪神の入団テストを受けにきたのだった。

したがってそれほど期待していたわけではなかったが、テストで投げているのを見ると、なかなかいいボールを投げる。なぜクビになったのか不思議だったので「おまえ、球団とモメたのか?」と訊ねたが、そうではないらしい。テストの2日目、今度は数人の打者に対して実戦形式で投げさせたところ、ヒット1本に抑えた。それで獲得することにしたのである。

私は成本を抑えに使うことに決め、巨人との開幕戦にいきなり登板させた。点差が開いて比較的楽な場面ではあったが、やはり緊張したのか、点を奪われ、なおもピンチが続いた。けれども、私は動かなかった。果たして成本はなんとかマルティネスを打ちとり、チームに勝利をもたらした。

「成本を替えるつもりはなかったのですか?」

試合後、記者たちに聞かれた私はこう答えた。

「あの場面は成本で腹をくくったんだ」

成本はすでに32歳。チーム最年長だったが、若手たちにまじって「なんとかもう一度花を咲かせたい」と懸命に汗を流していた。ミーティングでも私の話を食い入るように聞いていた。直接言葉をかけたわけではないが、私はそんな彼の姿をずっと観察していた。

「成本に賭《か》けてみよう。きっとやってくれるはずだ」

私はそういう気持ちを抱いていたのである。

翌日、「腹をくくった」との私のコメントが新聞に載った。成本はそれを読み、気を引き締めると同時に強く誓ったという。

「このチームのためなら、今年1年で終わってもかまわない」

抑えに定着した成本はその年、3勝1敗20セーブをマーク。オールスターに選出され、さらにカムバック賞も受賞したが、残念ながら私はその年かぎりで監督を辞任。成本も再びひじを痛めて解雇されてしまったのだが、今度は私と縁のあるヤクルトにテスト入団する。その後台湾で1年プレーしたあと、ヤクルトの投手コーチとなり、いまは古巣ロッテでブルペン担当コーチを務めている彼は、「野村監督に拾ってもらわなかったら、いまの自分はない」といってくれているらしい。

「おまえなんか誰も期待していない」

荒木や成本のように一度クビになったり、出場機会に恵まれなかったりした悔しさを感じている選手は、のほほんと生きている人間とは必死さが違う。「見返してやりたい」という強い気持ちを持っている。したがって、その悔しさをうまく引き出してやれば、劇的に復活したり、才能が一気に開花する可能性がある。田畑一也というピッチャーも、そうやって開花した選手だといっていい。

田畑は1992年のドラフト10位（テスト生）でダイエーに入団したが、4年間で2勝しかできず、ヤクルトにトレードされてきた。正直、それほど期待をしていたわけではなかったが、キャンプのときブルペンで見ていると、なかなかコントロールがいい。それで最初は中継ぎで起用し、その後先発を任せると、最初の試合で勝利投手になった。

ところが、どういうわけかその後は不甲斐《ふがい》ないピッチングが続いた。

「カンフル剤が必要だな」

そう感じた私は、5月のナゴヤ球場での中日戦だったか、試合前の食堂で田畑にこういった。

「おまえはファームの4番とトレードした。だから、誰も期待なんかしていないんだ！」

田畑をずっと観察していた私は、彼の最大の持ち味は反骨心だと思っていた。すなわち気持ちが強い。ところが初勝利をあげてからの田畑は、変にいいピッチングをしようという欲が出たのだろう、ピッチャーにとっていちばん大切な、そして田畑の最大の武器である「バッターに向かっていく気持ち」が感じられなかった。そこで、「初心に返って強い気持ちで向かっていけ」という気持ちを込めて、あえて突き放した物言いをしたのである。田畑なら、「なにくそ！」と発奮すると信じていた。思ったとおり、強い気持ちを取り戻した田畑は、6月だけで4勝をマーク。最終的にその年は12勝をあげ、翌年は15勝してヤクルトの優勝に大きく貢献してくれたのである。

こうした活躍で〝野村再生工場の最高傑作〟といわれるようになった田畑はいま、巨人のスコアラーとしてチームを支えている。

「打たれたらおれの責任だ」

同じくヤクルト時代の話だが、中継ぎとして貢献してくれたピッチャーに広田浩章と野中徹博がいた。このふたりも在籍していた球団を解雇されてヤクルトにやってきた選手であった。

そういう選手は田畑のように悔しさや反骨心が旺盛《おうせい》なのはたしかなのだが、同時に不安も抱えている。無理もない。一度は球団から必要なしと判断されたのだから、「ほんとうに自分はやれるのだろうか」「信頼されているのだろうか」と感じるのは当然だ。

そこで彼らを起用するときには、まず楽な場面で投げさせ、そこで自信をつけさせてから徐々に難しい局面で使っていくという方法をとることが多い。しかし私は、成本にもしたように、あえて厳しい場面にいきなり起用することが少なくなかった。現に野中は移籍してきた年の開幕戦の大切な場面でワンポイントかツーポイントで使ったと記憶しているし、広田は広島戦でたしかワンアウトでランナーをふたり置いて外国人バッターを迎えたときに送り出したはずだ。

私がそうするのはなぜか——ひとことでいえば、より奮起させるためである。感動させるためと言い換えてもいい。

彼らは「ほんとうに使ってくれるのだろうか」と思っているはずだし、たとえ使ってもらっても最初は敗戦処理程度だと想像しているに違いない。そう思っているところにいきなり大切な場面で「行け」といわれればどうか。おおいに意気に感じるに違いない。気持ちが前面に出るはずだ。結果としてそれが——荒木がそうだったように——実力以上の力を彼らに発揮させることになるのである。

ただし、厳しい状況を強いる以上、ベンチから送り出す際には彼らの不安をできるだけ取り除き、持てる力をフルに出すことだけに集中できる環境を整えてやる必要がある。

広田をはじめて起用したときのことを述べれば、彼はなかなかいいシュートを持っていたので、「アウトコースにボールになるスライダーを投げてから、内に食い込むシュートで勝負しろ」という指示を出したうえで、最後にこう付け加えた。

「もしそのシュートを打たれたらおれの責任だ。あとのことは心配しなくていい」

もしシュートを打たれたとしても、それはあくまで勝負に敗れただけ。攻め方は間違っていないのだから、ピッチャーに責任はないというわけである。野中に対しても同様のことを話したはずだ。

選手というものは、とくに広田や野中のようにもはやあとがないと追いつめられた選手は、どうしても「なんとか結果を出さなければいけない、打たれてはいけない」と考え過ぎてしまう。それでは硬くなり、萎縮《いしゅく》して腕が振れなくなったり、かえってボールを置きにいってしまったりして結果もよくないことが多い。

そこで責任の所在を明確にし、「おまえがもし打たれても責任を感じることはない。責任はすべてあの場面に登板させたおれにあるのだから……自分の力を出し切れ!!」といってやることで不安を取り除いてやるわけである。選手を奮い立たせ、力を引き出すためには、指導者にそのくらいの覚悟と気概が求められるのだ。

おびえ人間も不安を取り除くことが大切

不安を取り除くことが大切であるというのは、なにも選手を再生するときだけにかぎらない。あらゆる人材を活用するときの鉄則だといっていい。とりわけ、いわゆる〝おびえ人間〟に仕事を任せる際には絶対に欠かせない。

野球でいえば、プロエース級の人種は強靱な精神力を持っている人間が多い。というより、そうでなければピッチャーは務まらない。とはいうものの、プロに入ってくるほどのピッチャーであっても、なかには〝おびえ人間〟がいるのも事実なのだ。マイナス思考といってもいい。「打たれたらどうしよう」と考えてしまい、持てる力をフルに発揮できない、いわゆるブルペンエースのことである。

意外に思われるかもしれないが、かつてヤクルトの左のエースとして活躍し、ロサンゼルス・ドジャースを経て、いまは埼玉西武ライオンズでローテーションの一角を担っている石井一久がそういうタイプであった。

高卒でプロ入りした当初から石井は、すぐにでも1軍で使える速球とカーブを持っていた。ところが、コントロールがまったく悪く狙ったところへ投げられなかった。そのため、「フォアボールを出したら、打たれたら……」と考えてしまい、自滅することがしばしばだったのである。コントロールの悪さは、①打たれる恐怖、②四球への恐怖、③ピッチングフォームの欠陥、が考えられる。

アメリカでは、気の弱い選手に対しては少しでも早く野球をあきらめさせて別の世界で生きていくことを勧めるそうだ。こればかりは直せるものではないという考えからだという。けれども、せっかくいいものを持っているのだからなんとかしてやりたいと考えるのが私という人間だ。本人だって好きな道で生きていけるにこしたことはないし、それができればチームにとっても大きな戦力になる。しかも、石井はあきらめるにはあまりにも惜しい才能の持ち主だった。

まったくうまく名付けたものだと思うのだが、ピッチャーとキャッチャーのコンビは「バッテリー」と呼ばれる。ピッチャーは基本的にプラス思考の持ち主だから、その相棒を務めるキャッチャーはマイナス思考であってうまくバランスがとれる。ということは、ピッチャーがマイナス思考のおびえ人間タイプの場合は、キャッチャーがプラス思考に転じ、ピッチャーに少しずつ自信をつけてやればいいわけだ。現役でマスクをかぶっていたころから私はそういうピッチャーに対してはいつもこういっていた。

「よけいなことは考えず、ミットを目がけて投げてこい。それで打たれたら責任はおれがとってやる」

だから石井にも登板するたびにいってやった。

「もし打たれても、おまえを使った監督のおれが悪いんだから、よけいなことは考えずにバランスだけを頭に入れて思い切り投げろ」

ほかの選手に大事な助言を言うときは、ほかのピッチャーやバッターに聞こえるように、またそれが石井の耳にも入るよう気を遣った。もちろん、石井に直接話すときも、同じようなタイプのほかの選手にも聞こえるよう意識した。そうすることで、ふだんから不安を取り除き、つねにポジティブな気持ちを持てるような環境をつくってやるわけだ。とくに、当時巨人にいた落合博満と対戦するときなどはこういって檄《げき》を飛ばしたものだ。

「おまえ、自分の給料を考えてみろ。そうすりゃ、4億円もらっている選手に打たれたからといって誰も怒りはせん。思い切っていかんかい！」

すると、石井はいい意味で開き直ることができ、〝キラー〟と呼ばれるほど巨人相手に好投したものだった。

「今日もダメだったらクビだ」

同じころ、セットアッパーとして活躍した山本樹というピッチャーも、やはりおびえ人間だった。ブルペンではすばらしいボールを投げるのに、実戦のマウンドに立つと力の半分も出せない。「打たれたら申し訳ないなあ」「点をとられたらチームに迷惑をかける」とマイナス思考に陥ってしまい、自分にプレッシャーをかけ、コントロールを乱しフォアボールを連発し、自分から崩れてしまう。典型的なブルペンエースだった。

石井にしたのと同じように、山本に対しても私はアメとムチの両方、緩急を使いながらさまざまな言葉をかけ、アドバイスをした。けれども、山本の場合は実戦になるとどうしても極度に緊張してしまい、同じ失敗を繰り返した。結果、3年間は鳴かず飛ばず。

「こいつはダメかな……」

さすがの私も一時はそう思いかけた。だが、そこでふっと考え直した。

「何をいっても緊張するなら、いっそのこと、極限まで緊張させてやるか……」

そこで次に山本をマウンドに送り出す際、最後通牒《つうちょう》のつもりでこういった。

「今日ダメだったらクビだからな！」

当時、山本は結婚し、子どもが生まれたばかりだった。

「子どもを抱いたとき、この子のためにもしっかりしなければいけないとか、おれはこの子の親なんだとか感じないのか？　子どものためにがんばれ。尊敬される父親になれ。このままだとおまえの野球人生は終わってしまうぞ。次が最後のチャンスだぞ！」

これが奏功した。山本はついに開き直ったのである。それまで縮こまっていた左腕が別人のように振れ、チームに勝利をもたらしてくれた。試合後、私は山本にいってやった。

「な？　命を取られるわけじゃないだろう。開き直るとはこういうことなんだ。その気になれば、なんだってやれる。そうだろ？」

このピッチングで自信をつけた山本は別人のように生まれ変わり、以降チームに欠かせない先発要員となり役割を見事に果たしてくれた。

ひとくくりにおびえ人間といっても、かけるべき言葉はやはり一様ではないのだな――山本を見て、私はあらためてそう感じたものである。

功ある者より功なき者を集めよ

さて、ここまでとりあげてきた選手は、いずれもピッチャーもしくは打線の主軸を担うような選手、いうなれば〝主役〟といえる選手たちであった。

けれども、芝居や映画が主役だけでは成り立たないように、野球という団体競技でもエースや4番だけでは強いチームは絶対につくれない。こうした主役たちを引き立て、力を発揮させる〝脇役〟の存在が必要不可欠である。

中国の古典『呉子《ごし》』には、こういう一節が登場する。

功ある者より功なき者を集めよ

成功したり、栄誉を勝ち得た人間より、そういうものとは無縁の人間のほうが屈辱感や反骨心が旺盛なうえ失うものもなく、かつ自分を犠牲にすることも厭わないので、いざというときには頼りになる——私は勝手にそう解釈しているのだが、つまりは4番ばかり集めるよりも、地道に自らの仕事をまっとうする選手を適材適所に配したほうが強いチームになるということだろう。

事実、強いチームには必ずすばらしい脇役たちがいた。V9時代の巨人しかり、森祇晶《まさあき》のもとで黄金時代を築いた西武しかり。巨人にはONという主役の脇を固める土井正三や黒江透修《ゆきのぶ》といったいぶし銀のような選手がいたし、西武では辻発彦や平野謙といった選手が清原和博や秋山幸二を周りで支えていた。

こうした脇役が自らの仕事をまっとうすることで、主役もまた輝くことができる。もっといえば、主役を生かすも殺すも脇役次第。つまり、脇役たちも主役たちと同じくらい重要なアクターなのである。これは、野球にかぎらず、どんな組織でも共通することだと思う。

しかるに、最近はみんなが主役になりたがる。目立たない、地道な仕事をしたがらない。とくにプロ野球に入ってくるような人間は、アマチュア時代はチームの中心だった者ばかりで、エースで4番だったという選手も少なくない。それだけに、主役願望が非常に強いのだ。

私が監督になったころのヤクルトは、まさしくみんなが主役になりたがるチームであった。関根潤三前監督のもとで〝のびのび野球〟などともてはやされていたから、ただ力いっぱいプレーすればいいとみんなが考えていた。池山や広沢克己以外のバッターもほとんどがどんな場面でも4番のバッティングをしていたし、ピッチャーはいつも三振を取ることをよしとしているように私には見えた。

しかし、みんなが主役になれるわけではないし、また主役だけでは強い組織はつくれないのはいま述べたとおりである。とすれば監督は、主役を張るタイプではない選手たちに対して、脇役の重要性とその役割に徹することの大切さを説き、そうした仕事に取り組もうというモチベーションを高め、同時にしっかり評価してやる必要がある。監督としての私は、そういうことにいつも心を砕いてきた。そうしていくなかで理想的な脇役として存在感を放つようになっていったのが宮本慎也や土橋勝征だった。

「いずれ2番を任せるから、そのつもりで勉強しておけ」

オリンピックの代表チームで主将を務め、WBC日本代表でも大きな役割を果たした宮本を脇役と評するのは適当ではないかもしれない。しかし、当時のヤクルトにおいて、彼は決して主役を張るような選手ではなかった。

「おまえ、その身体で野球できるのか?」

はじめて宮本に会ったとき、思わず私はそう訊ねたほどだ。それくらい細かった。バッティングもまったくといっていいほど期待できそうになかった。

しかし、のちにゴールデングラブ賞の常連となるように守備はすばらしかったし、PL学園、同志社大学と名門を歩いてきただけに、野球に対する理解度も高かった。そこで1年目から守備要員として起用し、頭角を現してからは「8番」の打順を与え、レギュラーで使うことにしたのである。

ただし、ただ8番を打たせているだけでは成長しない。あらかじめ私は宮本に申し渡しておいた。

「いいか。おまえにはいずれ2番を任せる。そのつもりで勉強しておけ」

打線において地味ながらも非常に重要な「2番」という役割をいずれ与えると明言することで「おまえには期待しているんだぞ」とメッセージを送り、モチベーションを高めるとともに、その期待に応えるためには何をすればいいか、しっかりとした目的意識を持って日々臨めという意味を込めたわけだ。具体的にいえば、「ピッチャーに球数を多く投げさせる」「出塁率を上げる」「犠打を確実に成功させる」「ランナーとの緻密な連携に努める」「ホームランは100パーセント頭から取り除け。ホームラン1本打つならヒット10本打て……」などなど……8番を打っていても、つねに2番の役割を意識させながらバッターボックスに入れと命じたのである。

言い換えれば、プロとして生きていくために、自分が果たすべき役割を認識させ、目指すべき方向性を明確にしてやったのだ。脇役たちのモチベーションを維持するポイントは、まさしくそこにあると私は思っている。

だから、レギュラーになってまもない宮本がたまさかホームランを打ったときなどは、ほめるどころかむしろ叱ったものだ。むろん、めったにあることではないから、内心ではほめてやりたい。しかし、そこでほめてしまっては、宮本が勘違いしかねない。

というのは、ホームランというものは麻薬的な魅力を持っているからだ。一度その気持ちよさを味わってしまうと、次もホームランを狙うようになる。無意識のうちにそうなるものなのだ。

しかし、宮本のようなタイプのバッターがそうなったらどうなるか。フォームを崩し、スランプに陥るだけである。そればかりか、目指すべき方向を誤りかねない。

「自分の役割に徹することが、プロで生き抜く近道なのだ」

そういう気持ちを込めて、あえて叱ったのである。そういう気持ちを持ち続けていれば、自然と配球なども読めるようになり、技術的にも向上するものなのだ。

その後、宮本がヤクルトの中心選手として必要不可欠な存在になったばかりでなく、日本代表でも主将を務めるほどの選手に成長できたのは、いわば脇役としての役割をしっかり認識し、徹したからだといっても過言ではないと私は思っている。

「使い勝手のいい選手になれ」

銀行員のような風貌で、ユーティリティ・プレーヤーとしてヤクルトの黄金時代を支えてくれた土橋は、意外にも高校時代は長距離砲だった。実際、私が監督になるまでの3年間はブンブンバットを振りまわしていたそうだ。

土橋を抜擢したのは、決して積極的な理由からではなかった。当時のヤクルトは右の外野手が不足していた。それで誰かいないかとファームの試合を視察に行ったとき、目についたのが土橋だったのである。私は彼を呼んで聞いてみた。

「外野はできんのか？」

土橋の本職はショートだった。しかし、そこにはすでに池山がいて、サードをやろうとしたら長嶋一茂が入団してきた。それでセカンドに回ったら今度は苫篠賢治が入ってきた。生き残っていくためにはなりふりかまっていられなかったのだろう。「やります」と答えたので1軍に上げたのだ。

「上司の使い勝手のいい選手になれ」

土橋に要求したのはそういうことだった。はっきりいって、土橋は主役になれるような選手ではないが、どこでも守れ、どの打順でもこなすことができそうだった。そういう、いわゆるユーティリティ・プレーヤーという存在は、監督にとって非常にありがたく、また強いチームに不可欠である。土橋ならそういう選手になれると私は直感したのである。

プロ野球選手には四つのタイプがいる。すなわち、〝らしく〟生きるタイプ、意気込みで生きているタイプ、自己限定をしているタイプ、そして天性に頼ったタイプである。土橋は〝らしく〟生きる選手の典型であった。常識を重んじ、苦しみながらもつねに努力と工夫を忘れず、困難を乗り越えようとする選手だと私は見ていた。

事実、試合中も私のぼやきが聞こえる場所にいつも座っていた。性格的にもちやほやされるのを好まず、つねに自分の役割をまっとうすることを心がける。3番を打たせたときでさえ、4番のトーマス・オマリーへのつなぎ役に徹していた。だからこそ、それほど才能に恵まれていたとはいえない土橋であっても、あれほど長く現役を続けられ、いまなおコーチとしてプロの世界で生きていくことができているのである。

いかに自己犠牲の精神を植え付けるか

とくに脇役は、自分を犠牲にすることでチームに貢献することを求められるケースが多々あるが、脇役だけでなくチーム全員にこうした精神が必要なのは、野球にかぎらず、すべての団体スポーツに共通することであり、おそらく企業においても同じではないかと思う。

ところが、自己犠牲という言葉がよくないのか、あるいは最近の若者は主役願望が強いせいなのか、こうした気持ちをなかなか持てないようだ。野球でいえば、みんながヒットかホームランを打ちたがる。しかし、それでは少なくとも野球では絶対に強いチームはつくれない。というのは、いうなれば野球というのは失敗のスポーツだからである。

野球とは、「確率のスポーツである」と私はよくいうが、それは裏を返せば「失敗のスポーツである」ということだ。あらゆるプレーはつねに失敗の可能性を孕《はら》んでいる。むしろ失敗する確率のほうが高い。強打者といわれるバッターでも10回の打席のうち7回程度は打ち損じてアウトになるし、ピッチャーも狙ったところにボールが行かないことのほうが多い。盗塁にしろ、ヒットエンドランにしろ、つねに失敗の可能性がつきまとう。

だからこそ失敗をできるかぎり少なくするために成功する確率の高い選択肢を選ぶことが肝心なのだが、もうひとつ、失敗を成功につなげることも非常に重要だ。すなわち、たとえ失敗するにしても、なんらかのメリットのある失敗をしなければならないのである。たとえば、ランナーが1塁にいるとき、バッターがポンとフライを打ち上げてしまえばランナーは進塁できないが、同じ凡打でもゴロを転がせば進塁できる可能性はフライよりはるかに高くなる。あるいは、俊足の先頭バッターが四球で出塁し、すかさず盗塁に成功したとする。そうなればバッターは右にゴロを転がすだけで1死3塁という状況ができ、かりにヒットが出なくても得点できる確率が非常に高まるわけだ。

そういう、いわゆるつなぎの野球が私の目指す野球なのである。しかし、それを具現化するためには、いまのケースでバッターがアウトになることを覚悟してでもゴロを転がしたように、おのずと自己犠牲の精神が要求される。みんながヒットやホームランを狙ってしまっては、つなぎの野球は不可能なのだ。自己犠牲の精神なくして強いチームはつくれないというのは、そういう意味なのである。それでは、どうやっていまの選手たちに自己犠牲の大切さを植え付ければいいのだろうか――。

ひとついえるのは、自己犠牲が必要といっても、それは「いつ、いかなるときでも自分を犠牲にしなければならない」という意味ではないということである。自分を犠牲にしろというと、いつも自分を犠牲にしなければいけないと選手たちは誤解しているようなのだ。そんなとき、私はいつもこういう説明をした。

「よく考えてみろ。守っているときはみんなが心をひとつにして協力しあって打球を処理するじゃないか。自分が犠牲になっているなんて思わないだろう。攻撃だって同じだ。だいたい、送りバントやヒットエンドランのサインを出すケースは1試合に何回ある？　自分がやらされることは数えるほどしかないはずだ。つまり、自己犠牲といっても、その程度なんだぞ。95パーセントは自分たちがやりたいようにプレーできるんだよ」

そういってやると、たいがいの選手たちは頷《うなず》き、納得した。いまの時代の若者に、ただ自己犠牲の精神の大切さを説いても理解しにくいのは当然だ。理解しにくいのなら、理解しやすいよう工夫して話すことが大切なのだ。

アレンジ力をつけよ

その意味では、指導者には〝アレンジ力〟というべきものが必要だといえる。

たとえば技術指導を行う際、やたら自分の過去の成功体験を前面に出して若い選手とコミュニケーションをとろうとする監督やコーチがいる。会社などでもそういう上司は多いのではないか。いわく、「自分は昔ああしたこうした」「あのときはこうだったああだった」

というふうに……。それだけならまだしも、「だからおまえたち若い奴はダメなんだ、おれと同じようにやれ」というような指導者がけっこういるものだ。

しかし、若い人間にとって、昔の自慢話ほど退屈で無益に感じることもない。たとえ参考になる内容であっても、「いまは時代が違うよ」とか「あなたのころはそれでもよかったんでしょうけど……」と敬遠されるか、あるいは表面的には頷いているように見えても実際は何も聞いていないかのどちらかに決まっている。私自身そうだったから、よくわかるのだ。

したがって、昔の話を延々とするのはタブーなのだが、とはいえ、どんな指導者も自分の経験をベースにせざるをえない。また、そうでなくては説得力も出ない。実際、そのなかには、時代は変わっても充分に通用することや大切な知恵といった、いまの人にとってもプラスになることがたくさんあるのも事実である。だから、なんとかしてそれを伝えたいと思うのは当然のことだし、大切なことでもある。

そこで重要になるのが、アレンジ力なのだ。つまり、自分の体験をそのまま語るのではなく、そのエッセンスだけを抽出し、現代に通用するようアレンジするのである。そうすることで、同じことを語っても受け取るほうは昔話には感じなくなるものなのだ。

幸い、私の場合はたまたま少年野球のチームを持っていたこともあって、少年たちと接することが多かった。だから、より簡潔で、やさしくわかりやすい言葉を使う必要があっただけでなく、いまの子どもたちにも通じるような話をしなければならなかったため、アレンジ力という点でもずいぶん鍛えられたと思う。

角度を変えて観る

アレンジ力とは、物事を違った視点あるいは角度から観たり、独自に考察を加えるなどして、常識にとらわれない考え方を提示する能力ともいえるかもしれない。

たとえば――私自身もそうだったが――あるバッターがどうしても2割5分しか打てなかったとする。ふつうに考えれば、その選手が3割打つのは至難の業、とても不可能に思える。事実、2割5分の打者は掃いて捨てるほどいるが、3割打者は数えるほどしかいない。

だが、考えてみてほしい。5分というと絶望的な差があるように見えるが、100打数にするとわずかヒット5本の差なのである。100回のうち、あと5本多くヒットを打てばいいだけの話なのである。

むろん、現実にはその差は大きい。埋めるためには大変な努力、創意工夫がいる。けれども、指導者が選手にその差を「5分」と認識させるか、あるいは「たかがヒット5本」と見なさせるかでは、実際には同じ差であってもそれを埋めようとする選手のモチベーションには大きな差が出てくるに違いない。

あるいは、よく聞くアドバイスにこういうものがある。

「肩の力を抜け」

とくに高校野球などでは監督がしきりに選手に向かって肩を上下させるジェスチャーをしているのを見かける。私も2軍にいたころよくいわれた。

ところが、そういわれるとよけいに力が入ってしまうことが多かった。肩の力を抜こうとすればするほど、硬くなってしまうのである。そこで私は合宿の部屋で考えた。

「そもそもほんとうに肩の力を抜いてしまったら、バットなんて振れないではないか。いわんとしているのは、要するに身体全体の力を抜いて、リラックスしろということだろう。どうすればいいのだろうか……」

私はキャッチャーだったから、座りっぱなしのことが多く、血液が足にたまるのだろう、やたら足が疲れた。それで試合が終わると自分の部屋で寝そべりながら足を持ち上げ、壁に投げ出すのがつねだった。そうやって足から血液を下げないとだるくてしかたがないのである。

いつものようにパンツ一丁でそうやって疲れを癒《いや》しているときだった。ふと足に目をやった私は思った。

「どうして膝《ひざ》の関節だけ皿がついているのだろう?」

ほかの関節は、ひじも肩も皿に覆われてはいない。膝だけなのだ。

「そうか。それだけ大切なんだな。皿がなかったら、骨がはずれやすくなってしまって歩けない」

まったくの素人考えだが、私はそう解釈した。その正否はともかく、「つまり膝はそれだけ大事なのだ、腰以上に大切なんだ」と理解した。そのとき、思い当たったのである。

「そうか! 肩ではなく、膝の力を抜けばいいんだ」

実際に膝を楽にしてみると、身体全体の力が抜けてリラックスして構えられた。

私は選手に一度も「肩の力を抜け」といったことはない。

「膝の力を抜け。膝を楽にして柔らかく使え」

いつもそうアドバイスした。すると、選手も「なるほど。そういえばそうだな」という顔をしたものだ。

指導において大切なのはここなのである。いいたいことは同じであっても、目のつけどころを変え、より実態に即した表現をすれば、相手が吸収しやすくなるし、課題に取り組みやすくなるのである。だからこそ、常識という先入観や固定観念を捨ててまっさらな目で対象を見るとともに、「それはどういうことなのか、どうしてなのか」とつねに自分でも考え、探求する姿勢が指導者には必要なのである。

「おまえは代えないぞ」

話を選手とのエピソードに戻そう。

脇役とともにチームにとって欠かせないのが、豊富な知識や技術、経験を持つベテランと呼ばれる選手たちだ。

しかし、ベテランの扱い方ほど監督にとって頭を悩ませる問題はないかもしれない。監督としては、同じ力ならば、あるいは多少劣っていたとしても、チームの将来のことを考えて若手を起用したい。とはいうものの、ベテランの知識や経験は、若手が多いチームほど貴重であり、捨てがたいものがあるのもまた事実。

一方、ベテランのほうも、「まだまだ若手には負けない」と思っているのに使ってもらえないというのは――ベテランだけに監督の考えは理解できるとはいえ――非常につらいものだ。私自身、選手生活の晩年はロッテと西武でそういう気持ちを味わわされたから、なおさらよくわかる。そして、そうした不満がくすぶり続けると派閥が生まれ、ひいてはチーム内に亀裂《きれつ》をもたらすことになる。弱いチームはとくにそうした傾向が強い。

つまり、うまく使えば組織にとって大きな力となる反面、使い方を間違えるとマイナスにもなりかねないのがベテランという存在なのである。

それでは、どうしたらベテランのモチベーションを維持し、その力をプラスに転化できるのか――ポイントとなるのは、彼らの存在意義を認め、プライドを守ってやることだと私は思う。

むろん、差別はいけない。ベテランだからといって甘やかす必要はまったくないし、叱るべきときはきちんと叱らなければいけない。けれども、数々の修羅場をくぐりぬけてきた彼らの経験と存在は絶対に否定してはならない。

具体的な例をあげよう。ヤクルトに杉浦享という選手がいた。1970年代後半から80年代半ばまで中心打者として活躍し、4番を打った時期もある左バッターである。しかし、池山や広沢の台頭とともに出番は減少し、私が監督になったときにはすでに選手生活の晩年を迎えていた。とはいえ、その勝負強さと経験は、若手が多くなっていた当時のヤクルトには必要不可欠で、私は彼を左の代打の切り札としてベンチに置いていた。

1991年だっただろうか、阪神との試合だった。阪神の先発・葛西の前に6回まで無得点に抑えられていたヤクルトは、7回にようやく3連打で1点を奪い、ノーアウト1、2塁という追加点のチャンスをつかんだ。私は代打に杉浦を指名した。左の杉浦を出せば、相手はサイドスローの葛西を引っ込めると読んだからだ。

ただし、葛西に代えて今度はサウスポーを送りこんでくるだろう。そうなったら代打の代打として右バッターを起用するのが常道だ。つねに勝利することを義務づけられている監督の立場としてはそうすべきである。

けれども、私は考えた。

「そうしたら杉浦はどう感じるだろうか……」

私は目先の勝利よりも杉浦のプライドを大切にしてやりたいと思った。そのほうが長い目で見ればチームのためになるとも判断した。私は杉浦を呼んでいった。

「相手は左ピッチャーを出してくるだろうが、おまえは代えないぞ」

案の定、阪神は左の田村勤をリリーフに起用。果たして杉浦は三振に切って取られた。けれど、ベンチに帰ってきた杉浦を迎えた私は、ベンチのみんなに聞こえるようにつぶやいた。

「葛西を引きずりおろしたんだから、杉浦は役目を果たしたよな」

そして選手たちのほうを向いて続けた。

「葛西が引っ込んだほうが、おまえらもいいだろ?」

この言葉がどれだけ杉浦の心に響いたかはわからない。が、その後も杉浦は貴重な左の代打として1992年の西武との日本シリーズ初戦の延長12回に代打満塁サヨナラホームランを放ったのをはじめ、つねにモチベーションを失わず、チームに大きく貢献してくれたのである。

満は損を招き、謙は益を受く

私の時代のプロ野球選手はみな、明快なモチベーションを持っていた。ひとことでいえば、「大金を稼ぎたい」という欲求である。それがわれわれを突き動かした。

われわれが少年~青年期を送った時代は、日本という国自体がまだまだ裕福ではなかった。ひと握りの人々を除けば、みんながハングリーだった。だから、なんとかしてそこから抜け出したいと思っていた。

とくに私は3歳のとき父親を戦争で亡くしたうえ、母親は2度もガンの手術を経験した身体で病弱だったため、アルバイトをして家計を助けざるをえなかった。高校に進学し、野球を続けられたのは、兄のおかげだった。

「おれは大学進学をあきらめて就職する。おまえの学費の面倒はおれがみてやるよ」

兄の言葉を私は忘れたことがない。だからプロ入りしたとき、私は強く誓った。

「大金を稼いで家族を楽にさせてやる。恩返しをするぞ！」

ところが、入団してしばらくすると、そんな私の決意は無残に打ち砕かれた。

来る日も来る日もブルペンで球を受けるだけで一向にほかの練習をさせてもらえないので、私は主将に訊ねてみた。

「いつになったら練習させてくれるのですか？」

すると、主将はこういったのだ。

「おまえはカベとして採用されただけなんだ。テスト生から1軍に上がった者はひとりもいない。3年でクビだよ」

呆然《ぼうぜん》とした。カベというのはブルペンキャッチャーのことで、南海では3年ごとに人員を入れ替えるのだという。私が入団できたのも、それまでカベを務めていたテスト生上がりの選手が解雇されるタイミングだったからだ。どうりで同期に入団した7人のテスト生のうちキャッチャーが４人もいたわけだ。

事実、翌年私は解雇通告を受けた。まさしく虫けら同然の扱いである。しかし、どうすることもできない。私が大成するのを願っている母親と兄の顔が浮かんだ。郷土を出るとき、初のプロ野球選手ということで町をあげて盛大に見送ってくれた人々の顔も思い出された。もはや就職口はないし、いまさらおめおめと故郷にも帰れない。

「もう生きていけない。死ぬしかないな……」

絶望した私は、涙ながらに球団に訴えた。

「クビになったら南海電車に飛び込んで死にます」

そんなことをいった選手はもちろんはじめてで、おかげでなんとか解雇だけは免れた。したがって、私に満足や妥協はなかった。

「南海を放りだされたら野垂れ死にするしかない」

そういう危機感がいつもあった。レギュラーを奪い、４番を打つようになってからもそれは消えなかった。だから、より上を目指して、ひたすら努力を続けることができた。同世代の選手たちは程度の差こそあれ、同じような状況だったと思う。

しかるに、いまはモノがあふれ、贅沢《ぜいたく》を望まなければよほどのことがないかぎり、食うに困ることはない。文字どおりのハングリー精神は、世の中全体から失われたといっても過言ではないだろう（2軍の3年間で得たものは努力に即効性はないということだ）。

そのため、「仕事で大きな成果をあげて豊かな生活をしたい」という気持ちが、プロ野球選手にかぎらず薄れているように私には感じられる。実際、「そこそこ安定した生活ができれば満足」という若者が増えているそうだ。それはプロ野球の世界も例外ではない。

結果として、そういう風潮が世の中全体のプロ意識の低下につながっているような気がしてならない。その程度のモチベーションしかなければ、苦しさやつらさを乗り越え、努力し続けることはできないのだ。

では、そうした若い選手や部下のやる気を引き出し、より高みを目指そうと思わせるためには、何が必要か——。

「自分はなんのためにこの仕事をしているのか」

それを明確にさせることだと私は思う。

若い選手によく訊ねることがある。

「きみはどんなピッチャー（バッター）になりたいのか」

「何勝したいのか。ホームランを何本打ちたいのか。打率をどこまであげたいのか」

「いくら給料がほしいのか」

いわばその選手の目標をいわせるのだ。そして、答えを聞いたらこう続ける。

「それならば、そのためにいま何をするべきなのか、何をすればいいと思っているのか」

中国の『書経』に「満は損を招き、謙は益を受く」という教えがあるが、満足すれば思考が止まる。思考しなければ進歩が止まる。何事においても一流とは、謙虚な気持ちを忘れず多くの疑問を抱き、目標に向かってつねに努力し続けられる人間のことをいう。

そのためには、「どうしてもこれをやらなければいけない」という動機づけが必要だ。ハングリー精神を持ちにくい時代だからこそ、指導者には以前に増して言葉を尽くして選手や部下のモチベーションを引き出し、目標に向かって謙虚に努力し続けるよう仕向けてやることが求められるのである。

第二章

気づきを与える言葉

おのれを知ることの大切さ

「他球団をお払い箱になった選手を、どのように再生させたのですか?」

さまざまな場所で、さまざまな人から聞かれる。私にいわせれば、再生のポイントは大まかにいってふたつある。

ひとつは、前章で成本や田畑について述べたところで触れたように、「悔しさ」を引き出すこと。

「悔しかったろう。おまえを不要と判断した球団を見返してやれ!」

そういって、反骨心を刺激するわけだ。

もっとも、これはかんたんだ。誰でもできる。肝心なのはそこから、すなわちその悔しい気持ちをいかにしてプレーに具体化させるか、どのようにして現実の力に転化するかということである。思考と行動は切っても切り離せない関係にある原理から、少し考え方を変えるだけである。

これは私の実感だが、プロ野球の世界に身を投じたくらいの選手なら、天才でないかぎり持てる能力にそれほど大きな差はない。誰もがなにかしらの長所もしくは特徴を持っている。にもかかわらず結果を残せない原因は、たいがいの場合、その長所に気がついていないないか、長所を活《い》かす術《すべ》を知らないか、あるいは過去の幻想にとらわれて潜在能力を埋もれさせていることにある。とすれば、それに気づかせてやればいい。

『徒然草』にこういう一節がある。

「我を知らずして外を知るといふ理《ことわり》あるべからず。さればおのれを知るを、物知れる人といふべし」

自分を知らない者が、ほかのことを理解できるわけがない、自分を知る人がものを知る人なのだという意味であり、これをやや敷衍《ふえん》すれば、おのれを知らない人間が大成する道理がないということだといってもいいだろう。

つまり、すべては自己を知ることからはじまるのである。おのれを知れば、おのずと自分に足りないこと、身につけなければいけないことがわかる。自分を活かす場所と方法がわかる。自分を活かす戦略・戦術が立てられるのである。

とすれば、指導者のなすべきこととは、選手や部下をしておのれを知らしめることにほかならない。そして、それこそが再生におけるふたつめのポイントにして、もっとも大切なことなのである。

「不器用に徹すれば最後には勝つ」

おのれを知ることがその人間にとってどれだけ大切であるか、それをもっとも雄弁に物語っているのが小早川毅彦の復活劇だろう。

1997年の巨人との開幕戦。その年、広島を解雇されてヤクルトにやってきたばかりの小早川は、巨人のエース・斎藤雅樹から3打席連続ホームランを放ったわけだが、この3連発は、小早川が自分自身を知ることで生まれたといっても過言ではなかったのだ。

話は開幕前に遡《さかのぼ》る。前年までヤクルトは、斎藤にいわばカモにされていた。斎藤はストレートとカーブとシンカーくらいしか球種を持っていないのだが、その配球とコントロールが絶妙で、ヤクルト打線はいいようにあしらわれていた。

しかし、斎藤を攻略しないかぎり、ヤクルトは巨大戦力を擁する巨人に太刀打ちできない。そうなればV奪回も難しい。なんとしても斎藤を打ち崩さなければならなかった。

そのカギはやはり、サイドスローが苦手とする左バッターが握っていた。とくに小早川には刺客の切り札になってもらう必要があった。私はバッティング練習中の小早川に近づき、さりげなく訊ねた。

「おまえは自分が器用だと思うか？」

小早川は意味がよくわからないようだった。それで私は続けた。

「おまえのは器用な選手の打ち方だ。どんな球でもストレートのタイミングで待って変化球に対応しようとしている。天才はそれでもいいが、おまえはそうではないだろう」

なまじ天性に恵まれ、ＰＬ学園と法政大学でもつねに主軸を打っていただけに、小早川はただ来た球を打つというタイプだった。若いころはそれでも身体が反応できたが、年齢とともに力が衰えるにつれて苦しくなっていた。それが近年結果を残せない原因であるように私には感じられた。

「おれにはそう見えるんだが、違うか？」

「そのとおりです」

そこで私はいった。

「だったら、不器用に徹してみたらどうだ？　不器用な人間は苦労するけど、徹してやれば最後には器用な人間に勝てるぞ。少しはデータを参考にして配球を読み、狙い球を絞るなり工夫をしてみたらどうだ？」

そうして斎藤の配球パターンをカウント別に解説してやった。左バッターに対する斎藤の配球にはふたつの特徴があった。ひとつは、一度インコース高めを突いてからカーブを投げてカウントを稼ぎにくること。もうひとつは、ワンスリーになったら必ずといっていいほど外からのカーブを放ってくることだった。

「ということは――」

私は最後にいった。

「インハイが来たら、次はカーブがくるという前触れだ。とくにワンスリーになったら絶対だ。外からのカーブをイメージして、踏み込んでいけ」

結果は、まさしく私のいうとおりになった。

「監督、バッチリでした!」

斎藤のカーブをスタンドに叩き込んでベンチに戻ってきた小早川のうれしそうな表情はいまだに忘れない。この3連発でおのれを知り、配球を読むことの大切さに気づいた小早川は、ヤクルトで最後のひと花を咲かすことができたのである。

間違った努力をさせてはいけない

小早川同様、先に名前が出た楽天の山﨑も配球を読むことで復活を遂げたわけだが、私がふたりにそういうアドバイスをしたのは、私自身が現役時代に同じような経験をしていたことがおおいに影響している。

プロ3年目にして1軍に定着した私は、翌年はホームラン王を獲得。「なんとかプロとして生きていくことができそうだ」という手ごたえを感じはじめていた。

ところが、その矢先である。突然打てなくなった。打率は2割5分程度で停滞し、ホームランも半減した。代わりに三振の数だけが増えた。どうしてもカーブが打てなかったのである。

「打てないのは自分が未熟なせい」

そう考えた私は、「もっと練習しなければならない」と以前にも増してバットを振った。けれども、一向に成績は上がらない。

私は悩んだ。そして考えに考えた末、ようやくひとつの結論に達した。

「自分は不器用なんだ」

カーブが打てないといっても、それを待っているときは打てるのだ。しかし、相手バッテリーが私を警戒するようになった結果、素直にカーブを放ってくれなくなった。ストレートを待っているときにカーブを投げられるとひとたまりもなかった。不器用な私は、来た球にとっさに反応できなかったのである。それが不振の原因だった。それなのに私はひたすら素振りを繰り返していた。いわば間違った努力をしていたわけだ。

「ならばどうすればいいのか……」

再び私は考えた。出てきた答えはただひとつ。「頭を使う」ことだった。

「要するにおれは、自分が待っているボールなら、それがカーブであっても打てるのだ。とすれば、相手バッテリーの配球を読み、狙い球を絞ればいいのではないか」

そう結論した私は、各バッテリーの配球やクセを調べ上げ、投げてくるボールを予想するようにした。その甲斐あって、以降はつねに3割前後の打率をキープできるようになり、ホームランも増加した。

もし、「自分が不器用だ」と気づかなかったら、私は一流選手にはなれなかったに違いない。幸か不幸か、天性という点で私は小早川や山崎のようには恵まれていなかったために、ふたりより早い段階でそのことに気づくことができた。つまり、「おのれを知ることが大切である」というのは、私自身の経験に基づいた真理なのである。

「努力しろ」というのは誰でもいえる。だが、見当違いの努力をいくらしても結果は出ない。そうならないためには、自分自身を知ることで足りないことに気づき、それを補う方法をみつけなければならない。指導者は、言葉を通してその道筋をつけてやらなければならないのである。

「コントロールで20勝せい」

繰り返すが、おのれを知れば、自分に足りないものが見えてくる。足りないものを身につければ、まだまだ成長できるはずである。

言い換えれば、おのれを知るということは、自己のさらなる可能性を発見するということでもある。そうすれば、伸び悩んでいる選手はもちろん、盛りを過ぎたと思われる選手でも再生できる可能性は多分に残されているのである。そうやって甦ったのが、野村再生工場稼働第1号といわれる山内新一というピッチャーだった。

1968年に巨人に入団した山内は、伸びのあるストレートと右バッターの胸元をえぐるシュートを武器に、3年目の1970年に8勝をあげ、将来を嘱望されていた。ところが、そこで右ひじを痛めてその後2年間で5勝しかできず、1972年のオフに南海にトレードされたのである。

私自身、巨人の監督だった川上哲治さんから富田勝がほしいとトレードを申し込まれた。山内を提示されたときは、正直不満だった。それで当時注目を浴びつつあった新浦壽夫《にうらひさお》を要求したのだが、聞き入れてくれない。投手陣の絶対数が足りなかったため受け入れざるをえなかったのだ。

それはともかく、山内を見て感じたのは、過去の幻想を捨て切れずにいるということだった。いまだスピードへの夢をあきらめられていなかった。しかし、私の見るところ、ひじを故障したことで、もはや速球派として生きていくのは不可能だった。

ただ、同時に私は「もしかしたら、おもしろい存在になるかもしれない」とも思った。というのは、彼のひじを見せてもらうと、「くの字」に曲がっている。これはスピードで勝負するのは無理だということを示していたが、一方で別の可能性を秘めているという意味でもあった。ひじが曲がっていることでボールが自然にスライドするのである。

「これを活かせば、充分使える」

そう確信した私は、山内に「おまえはスピードで勝負するのは無理だ」と断り、こういった。

「低めのコントロールと変化球で技巧派に変身しろ。ロッテの村田（兆治）がスピードで

20勝するなら、おまえはコントロールと技巧で勝ち星を稼いでいけよ」

山内は無言だった。納得していないのは明らかだった。前にも述べたように、自分が納得し、能動的に取り組まなければ結果は出ない。どうすれば山内は納得するのか考えた私は、実際に結果で示してやるしかないと結論した。

そこでまずはフリーバッティングの際にキャッチャーをやらせ、どんなバッターでもコースに投げられた球はバッティングピッチャーのボールでさえ打ち損じることがあるのを体験させ、いかにコントロールが大切か実感させた。

そして、西鉄ライオンズ戦で「今日は外角一辺倒でいく。打たれてもいい。おれのサインどおり投げろ」と命じて山内を送り出した。外角のストレートとそこから逃げていくスライダーだけで勝負するということである。

これが、おもしろいように成功した。振りまわすバッターが多い西鉄打線はことごとく外角球をひっかけ、内野ゴロの山を築いた。鮮やかな完封勝利。これで山内は目覚めた。過去の幻想を断ち切った。コントロールとスライダーに磨きをかけ、なんと20勝をマークしたのである。

「シュートをマスターせよ」

コントロールとスライダーで甦ったのが山内なら、シュートを覚えることで復活したのが川崎憲次郎である。

川崎は高卒ながらルーキーイヤーから4勝をあげ、翌年からは3年連続2ケタ勝利をマークしてヤクルトのローテーションの中心を担ったが、その後故障し、戦線を離脱。1996年には未勝利に終わり、周囲には「もはや復活は無理なのではないか」との声もあったほどだった。解説者をやっていて川崎の投球に大いなる疑問を感じていた。長打者に対し内角に直球を投げ、かんたんにホームランを打たれる姿を何度も目撃したのだ。

だが、私には思うところがあった。

右打者の内角に投げるとき直球でなくシュートを覚えれば、まだまだやれるはずだ。

そこでヤクルトの監督をやることになったとき、即座にシュートを半強制的に覚えるよう指示したが、なかなか納得してもらえなかった。

現役時代、バッターとして私がもっとも手を焼いたのがシュートだった。胸元に食い込んでくるため恐怖感を抱かされるうえ、手を出しても詰まりやすいし、いい当たりをしてもファールになることが多い。しかも、シュートに気を取られるあまり、スライダーやカーブなど外角の変化球に対応しにくくなる。逆にいえば、ピッチャーにとってシュートほど強い武器はないわけだ。

ところが、私がヤクルトの監督だったころはシュートを投げるピッチャーはほとんどいなくなっていた。「ひじを痛める」というのである。実際のところ、シュートが原因でひじを痛めたピッチャーなど私は見たことも聞いたこともなかったが、当時はなぜかそういう風潮があった。

したがって、川崎に対しては時間をかけ説得した。足りないものに気づいたとしても、新たなことに挑戦するのはそれなりの覚悟がいる。まずは本人が納得しなければいけない。指導者はただ「これをやれ」と命令するだけでなく、自ら取り組もうと思わせるだけの説得力を持たなければならないのだ。

そこで私は西本聖に訊ねてみた。

「シュートを投げるとひじを悪くするというのはほんとうか?」

西本はシュートを武器に江川卓と巨人の両輪を担った名投手である。その西本がキッパリいった。

「誤解ですよ。そもそもシュートはひじを使って投げるのではない。人差し指のちょっとしたテクニックですから」

すなわち、シュートがひじを壊すというのはたんなる固定観念、先入観だったのである。西本の言葉で確信をもった私は、さっそく自信をもって川崎に「シュートを覚えよ」と命じた。むろん、「シュートでひじを壊すなどというのは迷信である」という西本の言葉も伝えた。

懸命にシュート習得に努めた川崎は、これで生き返った。1998年には最多勝を獲得、日本シリーズでもMVPに輝いたのだった。

「すべて内角ストレートで勝負せよ」

新たな球種をマスターすることで可能性が引き出されたピッチャーは、山内や川崎のほかにも何人もいる。ヤクルト不動の守護神となった高津臣吾もそのひとりだ。

プロ入り当初の高津は勝ち気な性格で、それゆえストレートで勝負することにこだわっていた。しかし、私の見るところ、球速はそれほどでもないし、プロでは通用しないと判断せざるをえなかった。ただし、精神的には非常に強いものを持っていたので、そこを活かして中継ぎとして、そしてゆくゆくはストッパーとして使いたいと私は考えた。

「おまえはストレートで勝負できるピッチャーではない」

私は何度も高津を説得したが、彼は納得できなかったようだ。そこで私は一計を案じた。

1993年5月2日のヤクルト対巨人戦は、松井秀喜のデビュー戦となったのだが、ヤクルトが4対1とリードして迎えた9回裏1死2塁、バッターボックスにはその松井が入った。マウンドに立っていたのは高津。かりに松井にホームランを打たれても1点差という状況である。私は古田に指示を送った。

「内角のストレートで勝負してみろ」

これには事前に集めていた松井のデータが正しいものか確認する目的があったのだが、同時に高津に対する最後通牒という意味もあった（高津は左打者対策が大きな課題でもあった）。

果たして松井は高津のストレートをライナーでライトスタンドに運んだ。これで高津は「自分のストレートは通用しない」という現実を受け入れざるをえなくなった。そして、私が命じたとおり、スローシンカーのマスターに努めるようになったのである。高津がストレートにこだわり続けていたら、のちに通算セーブ記録を更新することはなかったろう。

「ワンポイントをやってみないか」

そのほか、新球を覚えたことで生まれ変わったピッチャーには、シュートとフォークボールをマスターしたことで配球の幅を格段に広げ、アメリカへと飛び立っていった吉井理人らがいるが、なかでも劇的に変わったのが遠山奬志だといっていいだろう。

ドラフト1位で阪神に入団した遠山は、1年目から8勝をあげた速球派のサウスポーだった。けれども、1999年に阪神の監督として私が出会ったときにはすでにその球威は失われていた。とはいえ、当時の阪神はピッチャーが不足していたし、セ・リーグには松井秀喜や高橋由伸といった左の強打者が多かった。それだけに左腕の遠山はまことに貴重な存在だったし、うまく再生すれば充分に戦力になると私は考えた。

しかし、遠山もまた過去の幻想にとらわれているひとりだった。速球派としての自分を捨て切れずにいたのである。しかし、もはやスピードでは生きていけないのは確実だった。

そこで最初に私は遠山にいった。

「ピッチャーの仕事には先発、中継ぎ、抑えがある。だが、もはやおまえに先発は無理だし、残るふたつもいまのおまえには難しいと思う」

そのうえでこう続けた。

「だが、もうひとつ加えてワンポイントリリーフというものがある。おれはおまえを左バッター用のワンポイントとして使いたいと思っている。その気はあるか?」

一度見限られた選手は、もはや失うものはないから、可能性があればどんなことでもチャレンジする覚悟を備えているものだ。遠山も例外ではなかった。「やります」と答えた彼に、私は命じた。

「シュートをマスターしろ」

遠山はすでにスライダーを持っていたから、シュートを覚えれば左バッターに内角を意識させることができ、外に逃げていくスライダーがさらに有効になる。外角低めで抑えたいのなら、じつはそれ以上に逆すなわち内角の攻め方が重要になるのである。配球の幅が格段に広がるのだ。

そのうえで、オープン戦がはじまったころだったと思う。

「サイドスローにしてみたらどうだ。サイドに抵抗があるならスリークォーターでもいいよ」

私はそうアドバイスをした。左バッターにとって、左のサイドスローほど打ちにくいタイプはいないからだ。そうすれば、さらにシュートとスライダーのコンビが生きると思った。実際、ヤクルト時代にも乱橋幸仁というサウスポーにシュートを習得させるとともにサイドスローに転向させ、左バッター専用のワンポイントとして再生させたことがあった。

遠山もやはり左対策のワンポイントリリーフとして、その後3年間にわたって最後のひと花を咲かせたのはいまさら詳しく述べるまでもないだろう。

「このバットなら必ずヒットが打てる」

ここで遠山のエピソードを述べたのは、「おのれを知るということが自分の果たすべき役割を明確にする」ということを指摘しておきたかったからでもある。すなわち、おのれを知ることは自分の能力と適性を知ることであり、同時にそれは、自分を最大限に活かす場所をみつけることにつながるのである。

かつて南海に藤原満という選手がいた。闘志あふれる内野手としてオールスターにも5回出場した選手である。近畿大学時代にのちにロッテオリオンズの中心選手となる有藤通世とクリーンナップを組んでいたころの藤原は長距離打者だった。しかし、彼は身長177センチで痩《や》せ形。スイングスピードもパワーも、プロで長距離砲としてやっていくには足りなかった。にもかかわらず、彼は長距離打者用のグリップの細いバットを使い、しかも立てて構えていた。それでプロ入り後しばらくは伸び悩んでいた。私にもどう見ても長距離打者には見えなかった。

このままではこれ以上伸びないと判断した私は藤原にいった。

「おまえは長距離打者じゃない。アベレージヒッターとして1、2番打者を目指せ」

藤原もやはり不満げだったが、私がそう提案したのには理由があった。彼はバントの構えからバットを引いて打つと、じつにいいバッティングをするのである。いわゆるバスターである。

「いつもバスターのつもりで打ってみろ」

そうアドバイスし、バスターの練習をさせた。バントの構えからバットを引くのだから大振りはできない。いきおいコンパクトなスイングでボールを叩きつけることになる。タイミングをつかむのにもバスターはいい練習になった。バットを寝かせて構える独特のフォームを会得した藤原は、3年目の1971年に81試合に出場、打率2割6分7厘をマークした。

ところが、そこで壁に突き当たった。期待したほどの成績をあげられなかった。藤原はまだホームランバッター用のバットを使っていた。そこで「バットを替えてみろ」と藤原に申し渡し、いわゆるタイ・カップ型と呼ばれる、グリップが太く、重量のあるすりこぎのようなバットを注文させた。

「このバットなら、タイミングさえ合わせてボールにぶつけるように打てば、必ずミート打法が会得できる」といって……。

藤原が1番に定着し、コンスタントに数字をあげられるバッターに生まれ変わったのは、それからだった。自分の能力と適性を知り、それを活かす方法と場所を藤原は手に入れたのである。ちなみに、いまではポピュラーになったこのタイプのバットを日本で使ったのは藤原が最初といっても過言ではない。

「左ピッチャーに強くなろう」

ヤクルト、阪神、楽天の3球団で選手もしくはコーチとして私のもとで過ごした橋上秀樹も、自分を知ることで自分を活かす道をみつけた選手のひとりといえる。

橋上はヤクルト入団5年目の1988年に1軍入り。翌年、つまり私が監督に就任する前年には、42試合の出場とはいえ打率3割4分を記録した外野手だった。しかし、どうしてもレギュラーに定着するまでにはいたらなかった。その理由は、右ピッチャーのスライダーのような横の変化球に対応できなかったことにあった。

「このままではいずれ自分の居場所はなくなってしまう。生き残っていくにはどうすればいいのか……」

思案した橋上は、私がミーティングで繰り返し話していたことをあらためて思い出したという。

「まずは自分を知れ」

当時のヤクルトの外野で橋上のライバルだったのは秦真司と荒井幸雄だった。そこで橋上は「自分が彼らを上回れるとしたら何か」を考えた。

「守備や走力は自分のほうが上だ。でも、それだけでは物足りない……」

考えた末、橋上は決めた。

「よし、左ピッチャーに強くなろう」

秦も荒井も左打ちである。左ピッチャーにはどうしても分が悪い。そこに目を付けたのである。

それまでの橋上は、バッティング練習の際、気分よく打てればよかったらしい。いつもホームランを狙っていた。しかし、自分を知り、活かす場所をみつけたことで、練習への取り組み方が変わった。左ピッチャーに投げてもらい、左対策に磨きをかけるようになったのだ。

それからというもの私は、左ピッチャーの先発が予想される際には橋上をスタメンに起用するようになった。プロ野球選手として特別才能に恵まれていたわけではない橋上が、17年もの長きにわたってプロの世界で生きていくことが可能だったのは、まさしく自分を知り、自分を活かす道をみつけたからにほかならないだろう。

「おまえのミットはおれが買ってやる」

自分の適性を最大限に活かせる場所を得ることで、飛躍的に伸びた選手もいる。その象徴的存在がセンターとしてヤクルトの黄金時代を支えた飯田哲也である。

私が飯田の存在に気がついたのは、監督就任1年目のユマキャンプだった。ずば抜けて足が速い選手がいたので、私は驚いた。それが飯田だったわけだが、守備練習で私はさらに驚かされることになった。というのは、彼がキャッチャーミットを持っていたからである。私の見るところ、飯田はお世辞にもキャッチャー向きとはいえない。聞けば、「肩が強いから」という理由だけで高校からキャッチャーをやらされたのだという。

「おまえ、何年目だ?」

私が訊ねると、飯田は答えた。

「4年目です」

私は呆《あき》れた。こんなにすばらしい足を持っている飯田に、3年間もキャッチャーをやらせていたヤクルトの監督やコーチたちに、である。

この足を活かさない手はない——そう思った私は、飯田をコンバートさせようと考えた。とはいえ、彼が真剣に取り組む気があるのか確かめる必要がある。もしかしたらキャッチャーを続けたいと思っているかもしれない。私は訊ねてみた。

「おまえはキャッチャーが好きか？」

すると、一応は「好きです」と答えたものの、ためらいが感じられた。彼の物言いには、キャッチャー出身の私に対する遠慮があって、「いいえ」とは答えにくかったのではないかと想像した。つまり、キャッチャーに固執しているわけではない。即座に私は彼をコンバートすることに決めた。

ところが彼は、ふつうのグラブを持っていなかった。私はいった。

「よし。おまえのミットはおれが買ってやる。その金でグラブを買え」

私としては当然「いえ、けっこうです。自分で買います」というだろうと思っていたのだが、飯田はほんとうに私のところへミットを二つ持ってきた。たしか4万円だったと思う。

それはともかく、こうした経緯で野手に転向した飯田は、天職ともいうべきセンターというポジションを得、球界を代表する脇役となったのはご承知のことだろう。

シンプル・イズ・ベスト

「ボールをよく見て、スコーンと打て」

私が若かったころ、鶴岡監督からのバッティングのアドバイスはいつもこれだけだった。鶴岡さんにかぎらず、当時の監督やコーチの教え方はたいがいそんなものだった。私は「そんなのあたりまえではないか。よく恥ずかしくないな」と内心バカにしていたのだが、あるときから、この「ボールをよく見る」ことこそバッティングの基本中の基本であることにあらためて気がついた。

プロ野球にバッターが何人いるのか知らないが、「ボールをよく見る」という意識をつねに持ってバッターボックスに向かっているバッターは、ほとんどいないのではないか。肩の開きがどうの、バットのヘッドがこうの、ひじの使い方がどうのと、細かいことを意識するあまり、「ボールをよく見る」などというあたりまえすぎることは頭のなかから消えていると思う。またコーチもコーチで、勉強してきたことをすべて披露しないと気がすまないのか、細かいことをいちいちぐたぐたと指摘し、矯正しようと躍起になっている。

しかし、である。極論すれば、バッティングの極意とは「ボールをよく見る」ことに尽きるのである。ボールをしっかり見届ければおのずとタイミングをつかめるし、そうなれば肩が開いてしまうこともない。自然とフォームも理想的になる。すべて片づくのである。これは私の実感だ。

あれこれ細かい指摘をたくさんしても、結局混乱を招くだけ。枝葉をごちゃごちゃつつきまわすより、物事の根幹、本質をつかみ出し、それをわかりやすい、短い言葉で提示してやる。それがとりわけ技術指導には大切なのだ。まさにシンプル・イズ・ベストなのである。

やるべきことをシンプルに提示する

シンプル・イズ・ベストは、先に名前の出た飯田のような、一芸はあるけれど全体としては及第点に達しているとはいえない、実績のない選手を抜擢・起用する際にもあてはまる。そういう選手を育てるときは、やるべきことをわかりやすく言葉にして明確に指示してやることが大切だ。

野手に転向した当初の飯田に私が命じたのは、「とにかく塁に出て、相手を攪乱《かくらん》しろ」ということだった。「そのためには打球を転がせ。フライを上げたら罰金だ」と申し渡した。あれこれ望んでも選手は混乱してしまい、結局中途半端になってしまう。そうではなく、果たすべき役割をシンプルに提示し、それをまっとうすればほかの失敗は多少大目に見てやる。それが、一芸に優れた人材を活用するポイントだと私は考えている。そうやっていくうちに自信が生まれ、自分で考えるようになり、いい意味での欲が出る。自分が劣っている部分ももっと伸ばそうと努力するようになるものなのである。

飯田の成功であらためて一芸の大切さを認識した私は、その後阪神で赤星憲広や藤本敦士、楽天でも内村賢介、聖澤諒といった足のある選手を積極的に登用した。赤星と藤本は足に注目して私が自らドラフトの指名リストに加えてもらった選手。内村は育成選手あがりとして2軍にいたのを足が速いと聞いてやはり私が引き上げたのであり、聖澤もバッティングには目をつむって1年目から1軍に置いた選手だった。

いずれも入団時の評価は決して高くはなかった。だが、それぞれの打順とポジションに異なる役割があり、当然求められる適性も違う団体競技の野球では、誰にも負けない一芸があれば使い道があるのである。主役にはなれないかもしれないが、脇役にはなれるのである。そして、そうした選手が一芸を発揮すればするほど、弱いチームでも強いチームを倒すことができる。それが野球というスポーツのおもしろさであるともいえる。

いまでこそ、各球団のスカウトは高校生の視察のために甲子園などに赴く際、ストップウォッチで選手が塁間を走るスピードを測るようになっているが、最初にそれをさせたのは私だった。足が速い、肩が強いというのは天性なのである。努力で向上させるには限界がある。ならばそれを活かさない手はないし、とりわけ足にはスランプはない。打撃だけでなく、守備においてもそのメリットは非常に大きいのだ。

だから赤星にも内村にも、飯田にいったのと同じことを徹底させた。すなわち「打球を転がせ」ということである。打球を上げなければ、野手の真正面にいかないかぎり、彼らは内野安打になる可能性が高い。そのうえ野手があわててミスを誘う。そうすれば、出塁率を上げることは可能なのである。スカウトにはいつも、どの球団に行っても、努力してもできないものをもっている選手を獲《と》ってくれと言ってきた。

一流になれる選手はかぎられている。一流選手というものは努力よりも天性の占める部分が大きいからだ。けれども、〝超二流〟の選手には、なろうと思えば誰でもなれる。足が速い、送りバントやヒットエンドランを確実に決められる、選球眼がいい、守備なら負けない……そうした自分ならではの武器を少なくともふたつ以上身につければいいのである。そうすれば、たとえレギュラーになれなくても、１軍で生き残っていくことは充分可能なのだ。そして、チームにとって超二流（脇役）の選手は、一流選手と同じくらい大切な存在なのである。

「キャッチャーのミットだけを見ろ」

やるべきことをシンプルに提示したということでは、井川慶のケースも思い出深い。

阪神の監督になった私が、当時まだ2軍でくすぶっていた井川を抜擢した理由はただひとつ、「速い球を投げる」ということだった。なんとか投手不足を解消しなければと考えていた私は、2軍監督だった岡田彰布に訊ねた。

「誰かいいピッチャーおらんか」

「いませんねえ」

「だったら、球の速いのはおらんか」

そうして1軍に上がってきたのが井川だった。

見てみると、たしかに球は速い。ただし、そのぶんコントロールが悪かった。けれど、「これならなんとかなるかもしれんな」と私は感じた。

よくいうのだが、私は中途半端な選手がいちばん嫌いだ。全部が50点そこそこの選手は――もちろん使い方はそれなりにあるのだが――結果的に伸びないことが多い。それよりも、ほとんどは30点でも、ある部分は90点という選手のほうがチームに役立つことが多い。そういう選手は指導次第で欠点を補い、化ける可能性が高い。

井川はコントロールは落第だったが、スピードは満点に近かった。しかも、貴重な左腕である。問題は、どうすれば化けさせられるかということだった。

マウンドに立つと狙ったところにボールが行かない井川ではあるが、じつはダーツが得意なのだという話を聞いた。ということは、元来コントロールがないわけではないといっていい。それなのに、なぜピッチングになるとノーコンになってしまうのか。

言葉は悪いが、井川は基本的にボーッとしている。それは彼の長所といえないこともない。だから、よけいなことは考えず、ただひたすらキャッチャーの構えたミットに投げ込むことだけに集中すればいいのだが、マウンドに上がるとバッターのことやボールカウントなどを考えてしまう。おそらく、それまでの指導者にうるさくいわれたのだろう。だが、その結果、「四球を出してはいけない。甘く投げてはいけない」と力んでしまう。井川のコントロールの悪さはそこに原因があると私は考えた。

そこで横浜戦だったと思う、先発の井川に私はいった。

「いいか。石井（琢朗）だとか鈴木（尚広）だとかローズだとかの姿や顔はいっさい見るな。矢野燿大《あきひろ》のミットだけを見て投げろ」

バッターの姿を視界から消して、〝的当て〟に徹しろという意味である。むろん、キャッチャーの矢野に対してどのような配球をすればいいのかはあらかじめ申し渡しておいた。すると井川は自滅するどころか、完投勝利をあげてしまった。そして、これをきっかけとしてその後ローテーションの一角を担うようになったのである。

その後も井川は「いいピッチングをしよう」などとつい欲を出して突然制球を乱すことが多々あった。そんなとき、私はいつもいったものだった。

「こら！　的当てを忘れてるだろう。色気なんか出しやがって」

その後、井川はご承知のようにメジャーリーグに飛び込んでいったわけだが、非常に苦戦している。いまこそ、的当てを思い出してほしいと私は密《ひそ》かに思っているのだが……。

「あえてボール球を投げろ」

逆にストライクの投げすぎが結果を出せない原因になっていたピッチャーもいた。

1979年、私は誕生したばかりの西武ライオンズに移籍したのだが、その年に入団してきた松沼博久である。弟の雅之とともに入団したことで〝松沼兄〟と呼ばれたアンダースローだった。

下から浮き上がるストレートと落ちるシンカーを武器に、東洋大学時代に東都大学リーグで22勝をあげ、東京ガスでも都市対抗などで活躍した松沼だが、即戦力との触れ込みに反してプロ入り当初は苦戦した。ベンチから松沼のピッチングを見ていた私は、勝てない最大の原因は「ストライクを投げすぎる」ことにあると思っていた。素直にストライクを取りにいきすぎるあまり、バッターに狙い打たれていたのである。

ピッチャーとして大成するには遊び心ともいうべきものが必要だ。すべて全力投球するのではなく、どこかでちょっと力を抜いたり、ボール球をうまく使って相手をはぐらかす。大投手ほどそれを巧妙に行う。

しかし、遊び心というものは自分に自信がなければ生まれようがない。いい意味で自惚《うぬぼ》れや余裕がなければ遊べないのである。その点、〝おびえ人間〟は「遊んだ結果、打たれたらいやだな」という考えが先行してしまい、どうしても思い切れないのだ。松沼もそうだった。

したがって、そういうピッチャーに対してはキャッチャーがうまく誘い球を使ったりしてピッチングのおもしろさを覚えさせることが大切なのだが、当時の西武のキャッチャーはそれができないでいた。

「おれがリードすれば勝たせてやるのになあ……」

そう思っていた矢先、松沼が先発する試合で私がマスクをかぶることになった。試合前、私は松沼にいった。

「このサインを出したら、あえてボール球を投げろ」

「えっ⁉」

アマチュア時代はもちろん、プロに入っても「ボール球を投げろ」というサインを出されたことがなかったのだろう。驚く松沼に私は続けていった。

「いいか、おまえはストライクを投げすぎなんだよ。意識的に誘い球を使えるようにならないと、プロでは通用しないぞ。おれを信じて投げてみろ。ボール球の効用を勉強しろよ」

果たして結果は私の狙いどおりになった。このピッチングで自信をつけるとともにボール球が効果的に使えることに気づき、配球の幅を広げた松沼は、その後見違えるようなピッチングを見せるようになり、シーズンが終わったときには16勝をマークして新人王を獲得したのだった。

教え過ぎずに考えさせる

プロ野球の世界にかぎらず、最近の指導者はなんでもかんでも教え過ぎるように私には思える。しかし、過度に教えてしまうのは決して本人のためにはならない。というのは、教え過ぎは「感じる力」を奪ってしまうからだ。

人間の最大の悪は鈍感である——私はそう信じている。一流になる人間は、みな感じる力を持っている。「小事が大事を生む」といわれるが、些細《ささい》なことに気づくから自ら変わることができ、その変化が大きな進歩を招く。一度の失敗でどこが悪かったのか気づくので、同じ失敗を2度と繰り返さないばかりか、失敗を糧にさらに成長できる。感じる力を持っている人間は絶対に伸びるのである。これは半世紀以上プロ野球の世界で生きてきた私の実感である。

つまり、伸びるためには感じる力が不可欠なのであるが、ところが最初から答えを用意してしまっては、その感じる力を養うことができない。そのため、ある程度のところで成長が止まってしまうのだ。

そもそも私がプロに入ったころはコーチなんていなかった。2軍には2軍監督がひとりいるだけだった。だから、自分で気づき、考えるしかなかった。先輩打者たちのバッティングを徹底的に観察し、真似《まね》をした。オールスターで会話するチャンスに恵まれたときなどは質問攻めにした。そうやって自分に合っていると思ったことは積極的に取り入れ、活かしていった。壁にぶつかったときも、何がいけないのか自問自答し、「だったらこうやってみよう」と試行錯誤しながら乗り越えていった。変わることを決して厭わなかった。だからこそ、いまの私があるわけだ。教え過ぎは、そうした機会を奪ってしまうのである。

そもそも、自分が気づく前に答えを教えられても、たいがいは聞く耳を持っていないから残らない。もしそれでうまくいっても、問題の本質がわかっていないのだから、ほんとうに理解したことにはならないし、いずれ同じ失敗をするはずだ。

したがって、指導者に問われるのは、最初から答えを用意することではなく、あくまでも自分自身に〝気づかせる〟よう仕向けることであり、本人に足りないものを身につけるための方策を探してやることなのである。だからこそ私は、「監督とは気づかせ屋である」とたびたびいってきたわけだ。

名物となった私の「ボヤキ」は〝気づかせる〟ための人を変える言葉、人を動かす言葉でもあると思っている。

第三章

やさしい言葉をかけるだけが愛情ではない

ほんとうの愛情とは

最近は部下に嫌われたくないと願っている上司が増えているようだ。

部下とまるで友だちであるかのようにふるまうばかりでなく、なかには機嫌をとったり、ゴマをすったりする者もいると聞く。叱ってへそを曲げられるくらいなら、多少のことには目をつむり、みんなで仲良く、気分よく仕事をやらせたほうがいいということなのだろうか。

じつはプロ野球の監督やコーチのあいだにもそういう風潮がある。指導者の世代交代が進んだり、外国人監督が増えたりしたことで、やたらと選手をほめ、おだてあげるのを目にすることが多くなってきた。

だが、私は思う——それがほんとうに選手や部下のためになるだろうか。やたらほめあげる監督や上司は、結局は自分の保身しか考えていないのではないのか、と……。

要するに、下手に厳しく接すれば反発を招き、結果として業績に影響する。そうなったら管理する人間の責任問題に発展しかねない。どうせ彼らと一生付き合うわけではないのだから、在任期間中はおだてながら気分よく仕事をさせ、つつがなく過ごしたほうが得だと考えているからではないのか——そう勘ぐりたくなってしまうのである。そのような監督や上司のもとで働かなくてはならない選手や部下は不幸だといわざるをえない。

若い人間を育てたい、一人前に成長させてやりたいと心から思えば、ときには厳しく叱ったり、いいにくいことでもあえてズバッといってやりたくなることがあるだろうし、またそうすることが必要だと私は思う。

私は、「選手は自分の子どもだ」と思っていた。だからこそいいにくいことでも直言したし、厳しく叱ったりもした。〝他人の子〟であればそのまま見過ごしてかまわなかった。本人のことを思うからこそ、あえてそうしたのである。いや、ほんとうに愛情を感じていれば、そうせざるをえないのだ。やさしい言葉をかけたり、ほめたりすることだけが愛情ではないのである。

「おまえ、八百長しとらんだろうな」

そのことで真っ先に思い出すのが江夏豊である。江夏は才能に恵まれすぎていたがために、阪神時代から甘やかされ続けてきた。それをいいことに、彼自身もどんどん傲慢《ごうまん》、わがままになっていった。そのため、周囲から「扱いにくい」とのレッテルを貼られ、そのことがあれだけのピッチャーでありながら南海にトレードされる一因となったのである。

しかし、南海にやってきても江夏の態度は変わらなかった。前に述べた入団の経緯から私に対しては一目置いていたものの、「なぜおれがこんなチームにいなければいけないんだ」という雰囲気を醸していた。

「こいつの態度をなんとか変えなきゃいかん」

そう考えていたあるとき、2死満塁の場面でコントロールのいいはずの江夏がクソボールを投げ、押し出しで負けたことがあった。

「もしや？」

私はピンときた。彼はかつて「黒い霧事件」と呼ばれた八百長問題がもちあがったとき、名前が取りざたされたことがあった。試合後、私は江夏に「今日おれの車で一緒に帰ろう」と誘い、その車で詰め寄った。

「おまえ、まさか八百長しとらんだろうな！」

最初は笑って相手にしなかった江夏だが、私の剣幕におののいたのか、真剣な表情になり、言明した。

「絶対にやっていない。信じてくれ」

それを聞いた私は、さらに続けた。

「よし、わかった。だがな、おまえが変なピッチングをするたびに、怪しいと思う人がいる。その人たちの信用を取り戻すには、口で百万遍やってないと言っても誰も信じてくれないよ。マウンドで証明するしかないんだぞ」

しばらく黙っていた江夏はおもむろに口を開いた。

「そんないいにくいことを面と向かってはっきりいってくれたのは、監督がはじめてだ……」

それから江夏は態度をあらためた。

厳しい言葉をかけられたとき、相手はそれがほんとうに自分のことを思ってのことなのか、それとも自分の保身のためのものなのか、瞬時に見抜くものだ。そして、自分のために叱ってくれていると感じられれば——たとえそのときは反発しても——冷静になったときにはむしろありがたいと思える。読者の方だって、「あのとき、あの人が叱ってくれたから……」と感謝している出来事があるのではないか。

ほめておだてるだけでは、人間というものは自惚れたり、慢心したりしてしまう。それが低い満足を生み、妥協を許してしまう。そうなれば、成長はそこで止まってしまうのだ。だからこそ、そのように見えたときには厳しく接することが必要なのである。

「新到三年、皓歯を見せず」

選手とはつねに一線を引くのを信条にしている私だが、一度だけ選手の自宅までおしかけたことがある。柏原純一という選手だった。

1971年に高卒で南海に入団してきた柏原に私が注目したのは、野球に取り組む姿勢に見るべきところがあったからだ。彼の同期に島本講平という甲子園のスターがおり、キャンプでコーチがつきっきりで指導していると、いつのまにか柏原がそばにいて、話を熱心に聞いていた。それで「見どころがあるな」と印象に残ったのである。

私が見込んだとおり、3年目に1軍に定着した柏原は、翌年も活躍し、いよいよ才能が開花するかと思われた。ところが、そこから極度の不振に陥ってしまった。「いったい、どうしたのだろう……」と思っていると、彼が毎晩のように飲みまわっているという噂が耳に入ってきた。

「ひとつ意見してやらなければいけないな」

そう考えた私は、試合を終えたある日の夜、彼の自宅を訪ねることにした。

案の定、柏原は帰っていなかった。まだ新婚の奥さんと話をしながら帰りを待っていると、電話が鳴った。柏原からである。「代わってください」と受話器を取った私は、「どこをうろうろしてるんだ！」と怒鳴りつけた。

するとこんな言葉が返ってきた。

「おまえは誰だ⁉」

「バカ野郎！　監督の声もわからんほど酔っぱらってるのか。早く帰ってこい！」

血相を変えて戻ってきた柏原に私はいった。

「プロにはホップ、ステップ、ジャンプの三つの段階があるんだぞ」

「ホップ」とはプロ入りしたばかりの卵の時期。いわば基礎固めをする段階だ。「ステップ」はプロの厳しさに直面した状態であり、ようやく仕事を覚えたころといえようか。そしてそれを乗り越え、いよいよレギュラーをつかめるかどうかという段階が「ジャンプ」。すなわち、これまで吸収したことを開花させるときである。

「いいか。おまえはまさしくジャンプの段階にいる。朝から晩まで、いや寝ているときも野球のことだけを考えていなければならない。〝新到三年、皓歯《こうし》を見せず〟という言葉がある。何事も3年間は皓歯すなわち白い歯を見せることなく、無我夢中で取り組めという意味だ。ここを乗り越えなければ、絶対に一流にはなれんぞ」

柏原は1軍に上がった時点で満足しているように見えた。このままでは妥協を生み、自分の力を自ら限定しかねないと私は思った。それであえて自宅に押し掛け、雷を落としたのである。

柏原の奥さんから電話がかかってきたのは、それから数日後のことだった。

「主人を野球漬けにしたいんです。ふたりで相談して決めました。監督さんの近所に引っ越したいと思います」

住んでいたマンションにちょうど空き室があったので紹介すると、1週間もしないうちに柏原夫妻は越してきた。隣のマンションには江夏がおり、球場への行き帰りは3人一緒。私の家にきてバットを振ることも多かった。柏原が完全にレギュラーを獲得したのは、それからすぐのことだった。

その後、私が監督を解任され、ロッテに移籍することになったとき、柏原は江夏とともに「自分も一緒に行かせてください」と訴えてきた。「これだけの功労者である監督を解任するようなチームにはいたくない」というのである。最終的に柏原は日本ハムに移籍することになったのだが、東京でも私とそう遠くないところに居を定め、「ちょっとバッティングを見てください」と私の家を訪れることもあった。その日本ハムで彼は4番を打ち、阪神を経て引退後は阪神や中日のコーチを務めた。あのとき、私が叱咤《しった》していなかったら、彼の野球人生はずいぶんと変わったものになったのではないかと思っている。

士は己を知る者のために死す

「士は己を知る者のために死す」という言葉がある。自分の存在を認め、理解してくれ、心から思ってくれる人のためなら、命を差し出すことも厭わないということだろう。

誤解なきようにいっておけば、私自身は今日まで「理をもって戦う」のを信条としており、情に訴えるのは大嫌いだから、選手にそう感じてもらおうなどとはいっさい望んではない。感情だけで勝てるほど野球は甘くないし、監督たるもの、選手から好かれようと考えてはいけないと考えている。そもそも選手にそう思ってほしいと望んだ時点でそれは純粋な愛情ではなくなってしまう。〝好き嫌いで人を使うは最低のリーダー〟という格言もある。

私が情に訴えるのを嫌うのは鶴岡監督への反発も多分に影響している。鶴岡さんは「親分」と呼ばれたように、お気に入りの選手を厚遇し、子分にすることでチームを掌握しようとした。けれども、私のように子分にしてもらえなかった選手は当然おもしろくない。それが派閥を生み、ひいてはチームを崩壊させる可能性がある。だから私は情を重視するリーダーシップを嫌悪するのである。

しかし、結果として選手がそのように感じてくれるのは、チームにとっても大きな力となる。そういう気持ちがチーム優先という意識につながるからである。

江本孟紀という男は、監督である私のいうことにことごとく反発した。

それでも、彼と私はどこかで通じ合っていたように思う。江本は以前こう語ったことがある。

「当時の南海の連中はふだんから仲が悪かったけれど、このおっさん（私のこと）を男にしないとおれたちの男がすたるとみんな思っていた」

その話を聞いたとき、私はある試合を思い出した。1973年のプレーオフである。当時のパ・リーグは前・後期の2シーズン制を採用していて、前期と後期の優勝チームが5試合制のプレーオフで日本シリーズに出場するチームを決めるシステムになっていた。前期を制した南海は、後期の優勝チーム、阪急と激突することになった。

戦力を較べれば、誰が見ても圧倒的に阪急が上だった。ふつうに戦ったら勝ち目がないと考えた私は、思い切った戦略を立てた。なんとしても初戦を取り、その代わり第2、4戦は捨てるというものである。足りないピッチャーを有効に使うためだった。

果たして展開は私の狙いどおりになった。初戦は阪急と相性のいい西岡三四郎を立て、佐藤道郎、村上雅則、そして江本とつないでモノにし、第2戦は〝予定どおり〟の敗戦。第3戦はここに残しておいた江本を先発させ、完投勝利。続く4戦は織り込み済みの黒星で、2勝2敗。そして迎えた第5戦は阪急はエースの山田久志、こちらは巨人から譲り受けた山内、両投手の好投で手に汗を握る好ゲームとなった。9回裏ツーアウトまで2対0で南海のリード。あとは抑えの佐藤を投入すれば逃げ切れるはずだった。

ところが、ここでシナリオが狂った。佐藤は今でいうクローザーである。ブルペンでは誰もピッチングをしていない。そこへ代打の切り札高井が出てきた。佐藤は分が悪い。高井にカモにされているところ当銀秀崇《とうぎんひでたか》にソロホームランを浴び、1点差に詰め寄られてしまったのである。この場面で私が思い切ってリリーフに送ったのは江本だった。第3戦で完投した江本は、ろくにウォームアップをしていなかった。が、もはや頼りになるのは江本だけ。まさに一蓮托生《いちれんたくしょう》の思いだった。

江本はろくな準備もしていなかったが、なんとか阪急の代打の切り札高井保弘を三振に切って取り、南海はリーグ優勝を決めたのだが、監督としては決してほめられたゲームではなかった。だが、野球にはこういう、理屈を超えた気持ちが勝負を決することもある。それを根底で支えるのは、「この人のためなら死ねる」という熱い気持ちなのだと思うのもまた事実なのである。そして、選手や部下をしてそのように感じさせるのは、監督や上司の愛情を感じているからなのだと私は思うのだ。おそらく江夏と柏原も、江本と同じような気持ちを私に対して抱いてくれていたのだろう。

「ブンブン丸を封印しろ」

話を戻せば、池山隆寛も私から厳しい言葉をかけられながら育っていった選手だった。広島のキャッチャーだった達川光男と雑誌で対談したとき、彼が池山についてこう語ったことがある。

「野村監督が就任して3年目だった。それまで池山はボールカウントが2－3になるとピッチャーは直球であろうと変化球であろうと、必ずストライクを投げてくるものと思っていた。ところが、その年はバッターボックスのなかで『ボールなら振らないぞ』とブツブツ呪文《じゅもん》をとなえていた。あの池山がそこまで考えるようになったのかと、感心しました」

つまり、それまで池山に対しては2－3になればボール球で勝負すればよかったのだが、それができなくなったというのである。もっとも、この話は「でも、それを口に出していっているうちは、まだボール球を振ってくる可能性があると逆に確信しましたけれど」というオチがついたのだが、ともかくそんな池山を見て「今年のヤクルトは怖い」と達川は思ったそうだ。達川は、池山の成長を物語るエピソードとして「以前は0－2では必ずストレートを狙っていたが、それをしなくなった」とも話していた。

「池山もようやくおれのいったことを理解してくれたか……」

達川の話を聞いて、私は池山の成長を感じ取り、うれしく思ったものだった。というのも、こういう経緯があったからだ。

ヤクルトの監督に就任して早々、私はユマキャンプで池山とふたりで話し、こう訊ねた。

「おまえはブンブン丸と呼ばれているようだけれども、そのことについてどう考えているんだ？」

「自分はブンブン振ることが持ち味だし、個性だと思っています」

「ならば、それでおまえの成績は上がっているか？」

たしかに池山はホームランは30本程度は毎年打っていたが、打率はつねに2割5、6分。しかも、三振は100個以上記録していた。私にいわせれば、何の進歩も感じられなかったのだ。私はさらにたたみかけた。

「おまえは、監督がおまえに何を要求しているか考えたことがあるか？」

「ありません」

そこで私はいった。

「毎年毎年、150個も三振しとっては監督は困るんだ。監督が困るということはチームが困るということだ。カウントには0－0から2－3まで12種類あって、1球ごとに有利になったり不利になったり、状況が変化していく。それなのに、どうしておまえはいつも自分が有利なときのバッティングしかしないんだ。なぜ、自分から状況に適応していこうとしないんだ」

黙って聞いている池山に対して、私はさらに続けた。

「ブンブン丸なんてのはな、マスコミが新聞を売るためにつけたものだ。マスコミのものなんだ。選手が考え、なすべきことは、どうすれば成績をあげられるか、チームのために何ができるかを考え、それを実践することだ。マスコミと選手では目的はまったく違うんだぞ」

そして、最後に命じた。

「ブンブン丸を封印しろ！」

池山からすれば、自分の存在証明を否定されたに等しい。悔しかったと思う。けれども彼は私の言葉に従い、チームバッティングを心がけるようになった。達川の言葉は、それがかたちになりつつあるということを示したものだったのである。

また、これは江本がいっていたことだが、彼が日本シリーズの解説をしたとき、ゲストで池山がやってきたことがあった。そのとき池山は分厚いノートを持参してきたそうだ。それを開きながら話した池山の解説は、すべて当たっていたそうだ。

「〝あの池山が〟と、すごく驚きましたわ」

江本は笑ってそういった。そのとき私は阪神の監督になったばかりだったが、ヤクルトの元監督として非常にうれしかったのを憶えている。

「勝つことで数百万人のファンを喜ばすのが醍醐味じゃないか？」

その池山と〝イケトラ・コンビ〟と呼ばれてヤクルトの主力を担ったのが広沢である。広沢は東京六大学の、しかもしつけの厳しい明治大学野球部の出身だったこともあって、人間的には何の問題もなく、大人だった。野球に対する姿勢にも見るべきものがあり、自己管理がしっかりしていて、ケガも少ない。不調のときやミスをした翌日などは自ら特打や特守を志願、誰よりも早く球場に姿を現し、挽回《ばんかい》しようと努めていた。中心選手のそういう態度は周囲に好影響を与える。だから私は就任1年目の後半から彼を4番に置き、スランプに陥ったときも決して外すことはなかった。

とはいえ、彼もなまじ才能に恵まれていただけにとかく天性に頼りがちなバッターで、池山に劣らぬほどの三振を喫していた。なにしろ1987年から1992年まで、ふたりそろって年間100個以上の三振を記録していたほどだ。「あのころは自分の存在を世の中に知らしめるために野球をやっていた」と広沢は語っていたが、打線の中心がこんな珍記録をつくっているようではチームはたまったものではない。中心であるからこそ、広沢にも三振の数を減らし、チーム優先の意識を持ってほしかった。

しかし、池山に対するのと同じように頭ごなしに叱るのは適当ではないと感じた。彼のプライドを傷つけてしまう。そこで諭すようにしてたしなめることにした。こんな具合である。

「おまえはフォアボールになると悔しそうな顔をするよなあ。フォアボールは嫌いか？」

「はあ、好きではありません」

「つまり、打ちたいんか？」

「そうです」

「それでツースリーになると、一晩中振っても当たらんようなボールを打ちにいくんか」

「……」

「フォアボールがいやだから三振するわけやな」

広沢は黙ったままだ。

「監督としては、三振よりたとえフォアボールであっても塁に出てくれるほうがありがたいんだよ。おまえだって打率を下げたくないだろ？　それにな、相手の立場になって考えてみろ。フォアボールでランナーを出すのはいやなもんだろ。逆に相手の主砲がクソボールを振って三振してみい。〝今日は勝てるぞ〟と思って勢いに乗るだろう」

そしてさらにこう続けた。

「自分だけが目立つより、勝つことで数百万人のファンを喜ばせることがこの仕事の醍醐味なんじゃないか？」

それからは池山同様、広沢もクソボールを振ることはなくなった。ふたりが考えをあらためたことで、その後チームがどれだけ助かったことか。ちなみに広沢もまた、阪神時代に私が配ったいわゆる「野村ノート」を持ち続けているそうだ。

満足させないためにあえて叱る

私が選手たちにあえて厳しい言葉をかけてきたのは、愛情の裏返しであると同時に、「叱ってこそ人は育つ」と信じているからでもある。

叱られたことを逆バネにして、「なにくそ！」という気持ちで、仕事に取り組んでいく。

その姿勢が人間の成長には絶対に欠かせないものであると私は信じており、それを期待したのである。事実、私はそういうやり方で育てられ、テスト生から南海の4番を打つまでになったのだ。

鶴岡監督は、前にも述べたように絶対といっていいほど選手をほめなかった。それどころか、徹底して選手たちを貶《おとし》めた。なかでも私はいちばんの標的となった。

「おまえは安物の投手はよう打つが、一流は打てんのう」

そういう嫌味を何度いわれたかわからない。三冠王を獲ったときでさえ、「何が三冠王じゃ。大きな顔をするな!」と怒鳴られた。

一方で鶴岡さんは、ほかのチームの選手のことはよくほめた。

「稲尾(和久)を見い。中西(太)を見い。あれがジェニ(銭)の取れる選手や」

いま振り返れば、タイトルを獲ってもほめなかったのは「慢心するな」という意味だったのかもしれない。「実るほど頭《こうべ》を垂れる稲穂かな」という思いを伝えるためだったのかもしれない。ほかのチームの選手を引き合いに出したのは、暗に「おまえらはまだまだそのレベルではない。上には上がいるんだ」と戒めるとともに、さらに高みを目指して努力する意欲を喚起しようとしたのだろう。「悔しかったら、あいつらをやっつけてみんかい!」と、選手たちの反骨心を引き出し、戦意を煽《あお》る狙いもあったはずだ。

まだ若かった当時の私はおそらくそこまで気づいてはいなかったと思うが、「こんちくしょう！」と思いながらも、「いつか認めさせてやる」と、おおいに発奮させられた。「稲尾の球を打ってやる、中西さんを超えてやる！」と誓い、自らをさらなる努力に駆りたてることとなった。その気持ちが私の成長を促した。結果として、鶴岡さんの狙いどおりになったのである。

人間というものは自己愛で生きている。誰しも自分がかわいい。だから、おだてられたり、ほめられたり、やさしい言葉をかけられたりするとついそれに甘えてしまい、低いレベルで満足してしまう。そうなればそこで成長は止まってしまうのだ。

シンクロナイズドスイミング日本代表のヘッドコーチとして日本に幾多のメダルをもたらし、北京オリンピックでは中国代表のコーチとして銅メダルを獲得した井村雅代さんと、あるシンポジウムで同席したことがあった。そのとき、井村さんは自分が選手たちを叱る理由について、こう語っていた。

「人間は自分のことを安く見積もることが多くて、ここが精一杯だと限界をつくってしまう。私からすれば、その子の限界はもっと上にある。だから、もっとがんばらそうと思ったら、やさしい言葉をかけるのではなく、強い口調でいわないと動かせません」

井村さんによれば、選手たちは脈拍が上がって息切れすると、すぐに「自分はがんばっている」と思ってしまうそうだ。そして、井村さんを見ながら「もう限界です」という顔をする。しかし、「それはたんに肉体に負担をかけているだけであって、がんばるというのは別」なのだ。そんなときにやさしい言葉をかけても逆効果。あえて突き放すほうが選手は動くというのである。

そう、ほめたり、やさしい言葉をかけるだけでは、残念ながら自己愛に満ちた人間というものは、なかなか自分自身を鼓舞できないし、高みを目指そうとはしないものだ。「もっと成長できるはずだ、成長させてやりたい」と思えば、やはり叱らなければいけない。だからこそ、叱るのは愛情の裏返しなのである。

「打撃は2割5分でいい。代わりに配球を勉強しろ」

叱られることで育った選手といえばやはり、古田敦也の名前をあげないわけにはいかないだろう。彼は、私に非難されることを逆バネにして育った選手の代表である。

1990年、私がヤクルトの監督に就任したとき、ヤクルトのホームベースを守っていたのは6年目の秦真司だった。秦はリードに難はあったものの、バッティングにはなかなか見どころがあった。それで、とりあえず巨人との開幕2連戦に起用してみたのだが、開幕戦は先発の尾花高夫が初回、原辰徳に先制ツーランを浴び、3回にも原にソロホームランを打たれて大敗。2戦目は9回にアイケルバーガーがふたつのフォアボールとフィルダースチョイスで満塁のピンチを招いたうえ、最後は自らの暴投でサヨナラ負けを喫した。いずれも防ごうとすれば防げたミスで落とした試合だった。開幕戦は同じバッターに2本もホームランを打たれ、2戦目は自滅。こういう負け方を私はもっとも嫌う。ピッチャーの責任は免れないが、それ以上に秦に原因があると私は思った。秦はそもそもキャッチャー向きではないのである。

こんなことがあった。ある試合でボールカウントがノースリーになったことがあった。得点差も開いており、絶対にバッターは打ちに来ない場面である。ところが秦はなぜか変化球のサインを出し、それがはずれてフォアボールを出してしまった。

「なんであそこで変化球なんだ？」

私が訊ねると、「はあ、打ってくるような気がしたので……」。

人間的には申し分ないのだが、キャッチャーとして鈍感なのだ。キャッチャーにもっとも必要な観察力と洞察力に欠けていたのである。盗塁阻止率も低かった。足は速かったので、それを活かすためにも外野にコンバートしたほうが本人のためでもあると私は確信した。その代わりに正捕手候補として目をつけたのが、その年ドラフト2位で入団してきた古田だったというわけだ。

とはいえ、古田の第一印象はお世辞にもいいものではなかった。プロの選手としては華奢《きゃしゃ》であるうえ、メガネをかけていたこともあって、机に向かっているほうが似合っているのではないかと感じた。なにしろ、バッティングがお粗末だった。

しかし、キャッチングやスローイングにはすばらしいものがあった。股関節が柔らかく、尻《しり》が地面にピタッとつく。投げてもスナップスローが巧《うま》く、2塁までの送球時間はほかのどのキャッチャーより速かった。

極端にいえば、キャッチャーに打力はいらないというのが私の考えである。それよりもリードの巧拙のほうが勝敗に占める割合ははるかに大きい。強いチームをつくるには、リードに優れたキャッチャーの育成が必要不可欠なのである。そこで、私は古田にいった。

「8番キャッチャーのレギュラーをおまえにやる。バッティングは2割5分でいい。その代わり、配球を徹底的に勉強しろ」

いわばバッティングには目をつむり、古田を正捕手として育てることにしたのである。

観見二眼

「おれのそばから離れるな」

そういって私は、試合で守りについているとき以外は古田をつねにそばに置き、英才教育を施すことにした。とりわけ口を酸っぱくしていったのは、「配球には一球一球、根拠が必要だ」ということだった。

「なんのためにその球を投げるのか。その理由を明確にせよ」

そういう意味である。ストライクを稼ぐ球、バッターの反応を探るための球、空振りを誘う球、ゴロを打たせる球……一球一球、目的を持ってサインを出すことを要求した。というのは、何気なく投じた一球が命取りになる可能性があるからだ。

最善を尽くして打たれたならしかたがない。勝負とはそういうものであり、野球は失敗のスポーツだからだ。だが、だからこそ失敗する確率をできるだけ低くしなければならない。防ぐことのできるミスは絶対に犯してはいけない。そのために準備が必要なのであり、キャッチャーには一球一球の根拠が求められるのだ。

チェンジになって古田がベンチに帰ってくると、私は彼を質問攻めにした。「どうしてあのとき、カーブを投げさせたんだ？」「なぜ、ストライクで勝負したのか？」——それこそ一球一球説明させた。「いや、なんとなく」などと答えようものなら、徹底的に叱った。

「バカ野郎！　おまえのサインひとつひとつが試合をつくっていくんだ。そのくらい責任のあるポジションだということをいつも肝に銘じておけ！」

ベンチにいるときも同様だ。

「おまえならこのバッターをどう攻める？」「空振りしたな。次は何を投げさせる？」「あの見逃し方なら、狙い球は何だと思う？」

私の質問に正しい答えを出し、根拠のある配球をするためには、「見る」だけでなく「観る」ことが求められる。

宮本武蔵の『五輪書』にこうある。

目の付けようは、大きに広く付くる目也
観見二つの事、観の目強く、見の目弱く
遠き所を近く見、近き所を遠く見る事、兵法の専也

いわゆる「観見二眼」である。「見の目」とは肉眼で相手の動きを見ることであり、「観の目」とは相手の心の動きを見とおすことだといえよう。

武蔵は肉眼で「見る」よりも心で「観る」ことが大切だといっているようだが、キャッチャーには両方が必要だ。バッターがボックスに入るときのしぐさや、ボールを見送ったときもしくは打ちにいったときの反応のしかたなど目に見える情報をしっかり「見る」と同時に、バッターや相手ベンチの心理状態といった目に見えない心の動きを「観る」のである。そうすることで、はじめて根拠のある配球が可能になるわけだ。

また、野球では勝つためには27個のアウトを取らなければならないのはいうまでもないが、それには必ずしもバッターを三振や凡打にしとめる必要はない。バッター以外、すなわちランナーからも稼ぐことができ、しかもそうすることができればピッチャーは助かるだけでなく、相手の勢いを断つことになる。だが、そのためには相手の作戦を見破ることが必要であり、ここでも「観見二眼」が求められるのだ。

現役時代の私は、ヒットエンドランやスチールを見抜くのが得意だった。当時はこういう作戦を仕掛けてくるのは無死もしくは1死1塁のときが多かったのだが、そういう状況のとき、私はつねにバッターとランナー、両方の動きを観察していた。エンドランのサインが出ているとき、バッターは素振りのしかたが微妙に変化したり、心なしかそわそわしているし、ランナーはそれまでよりリードが短くなったり、スタートを切るそぶりを見せなくなったりする。そうした変化を見逃さず、ウエストボールを要求するなり、守備体系を変えるなり指示を出し、ランナーをアウトにしたのである（余談だが、楽天の本拠地Kスタはメジャーを真似たのか、ホームチームは3塁側のベンチを使用することになっていたので、相手のランナーの動きが手に取るようにつかめ、サインを見破りやすかった）。

ランナーからアウトを稼ぐ方法にはこういうやり方もある。2死満塁のケースでピッチャーが1塁に擬投牽制《けんせい》をして3塁ランナーを誘い出し、アウトにするのはよく見られるが、しかしこの場合、もっともアウトにできる可能性が高いのは2塁ランナーなのだ。2塁ランナーの心理としては、ヒットが出たらホームに還りたいという気持ちが強い。当然、離塁は早くなり、しかも自分はノーマークだと信じているから牽制に対して油断しやすい。そこで3塁に何回か擬投を続けてから即座に2塁に牽制球を放るのだ。楽天ではこの方法でしばしば2塁ランナーを刺したものだ。これもランナーの動きを「見て」、心を「観る」ことによってはじめて可能になることだ。

こうした理由から古田に対して私は、「観見二眼」を厳しく要求し、おろそかになっているときは怒鳴りつけたもの。古田はそれに耐え、「なにくそ」と逆バネにして努力を続けた。

風貌に似合わず我が強く攻撃的で、むしろピッチャー向きの性格である古田を、ほめて育てようとしたらおそらく失敗しただろう。自惚れ、勘違いし、低いレベルで満足してしまっていたと思う。厳しく叱ったからこそ、あれだけのキャッチャーに成長したのだ。やはり「人を見て法を説け」なのである。

「叱る」と「怒る」を混同するな

このように私は、人間は叱ってこそ育つと信じ、ほめるより叱ることを指導の基本方針にしてきたわけであるが、それだけに叱り方にはおおいに気を遣った。

なかでも肝に銘じていたのは、自分の保身のために叱らないということである。

そもそも、なんのために叱るのか。もちろん、失敗を次につなげ、成長を促すためである。叱ることで相手にどこが悪いのか、何が足りないのか気づきを与え、それならどうすればいいのか考えさせることが目的なのである。

したがって、相手に責任を転嫁したり、自分の身を守るために叱ることはあってはならない。ましてやストレス解消や自己満足のために叱るなど言語道断である。

そもそも「叱る」と「怒る」は違うのだ。「怒り」とはたんなる自分の感情の発露。そこに愛情がなければ「叱る」ことにはならないのである。

しかるに、「叱る」を「怒る」とはき違えている指導者がなんと多いことか。愛情から

「叱って」いるのか、それとも保身や一時の感情から「怒っている」のかは、相手はすぐに見抜く。「怒られている」と感じたら、反発されるか聞き流されるかのどちらかだ。いわれたことを本人が真剣に受け止め、次に向かって努力する気持ちを喚起させなければ、「叱る」ことにはならないのである。

そのためには叱る基準がぶれてもいけない。これも非常に大切なことである。そのときの自分の気分や状況、いっときの感情によって叱ったり叱らなかったりするのでは、叱られるほうはたまらない。どうすればいいのかわからなくなってしまう。つねに自分のなかに一定の基準を持ち、どんな場合でもそれに基づいて叱る・叱らないの判断をしなければならないのだ。

結果論で叱るのは厳禁

結果だけをとらえて叱らないということも自分自身に戒めていたつもりだ。

昨今は「結果がすべて」という考え方がはびこっているように見える。もちろん、どんな仕事であれ、プロとして飯を食っているのだから、結果は問われて当然。プロ野球の監督なら、勝つことが求められ、結果が出なければクビになるしかない。たしかに結果はすべてである。

だが、たしかにそうではあるけれど、結果「だけ」で判断するのは間違っていると私は思う。なぜなら、人間はそこまでの過程、すなわちプロセスでつくられるからである。

たとえば、あるバッターが三振したとする。「結果」だけを見れば最悪である。しかし、そのバッターがボールカウントやアウトカウント、相手バッテリーの心理状態などに目を配ったうえでの三振であれば、叱る必要はまったくない。むしろ、ほめるべきだ。

「惜しかったな。あそこを読み間違えたかもしれない。今度はこうしてみろ」

そういってアドバイスをし、励ましてやらなければならない。

なぜなら、彼はしっかり準備をして打席に臨んだからである。なんとかピッチャーを攻略しようと、自分なりに考え、工夫したからである。本人はできるかぎりの努力をしたのだが、なんらかの理由で結果に結びつかなかっただけなのだ。

したがって、そんな場合に指導者がすべきことは叱ることではなく、本人が最終的に失敗した理由に気づくよう、フォローしてやることだ。

それなのに、三振という結果だけをとらえて叱ったらどうなるか。叱られた選手が考えるのは、「次は三振だけはしないようにしよう」ということだ。そのため、三振だけは免れようと小手先だけのバッティングに走ったり、来た球になんでも反応したりしてしまう。その選手の長所まで失わせかねず、せっかく叱ったのに本人が得るものは何もないという結果になってしまうのである。

これはバッテリーに対しても同じだ。ことあるごとに叱りつけた古田にしても、きちんとデータを活用し、さらにバッターの心理状態や状況を加味した配球をしたうえで打たれたのなら、すなわち理にかなっていたのなら、私は絶対に叱らなかった。人間は機械ではないから、100パーセント成功することはありえない。それが野球というスポーツである。考え方が正しければ、それでいいのだ。

にもかかわらず、「打たれた」という事実しか見ず、その過程に着目してやらなければ、いつも監督の顔色をうかがうようになるか、あるいは反発もしくはモチベーションを失うかのどちらかだろう。

失敗を恐れては成長しない。失敗したら、それを反省し、次につなげればいいだけの話である。それが成長という意味なのだ。「失敗と書いて、せいちょうと読む」と私がいう所《ゆ》以《えん》である。

ただし、何も考えずに、すなわち何も準備することなくバッターやピッチャーに対峙《たいじ》した結果、三振したりヒットを打たれた場合は、容赦なく叱る。本来ならば防げたかもしれないミスを本人の不注意で犯したのだ。チームに与える影響も大きい。徹底的に叱ってかまわない。たとえ、かりに結果がよかったとしても私は絶対にほめなかった。結果オーライという考え方は、絶対に次につながらないからだ。

叱る前後の準備とフォローを忘れるな

もうひとつ絶対に欠かせないのは、叱る前の準備と叱ったあとのフォローである。

叱る前の準備とは何かといえば、日ごろから自分の考え方や目指す理想、方向性ともいうべきものをしっかり選手なり部下なりに伝えておくことだ。そのために私は毎日ミーティングを入念にやった。それは選手との真剣勝負であり、私は命を賭けていたといっても過言ではない。その最大の理由は、監督たるものは絶対に選手になめられてはいけないからだ。なめられ、バカにされれば監督不信につながり、当然チームは崩壊してしまう。そうならないために、日ごろから「おまえたちにはすべての面で負けない」という気持ちで臨んでいたのである。

同時に、そうすることで私が何を選手たちに望んでいるのか、どうあるべきだと考えているのかということを選手が理解できる。これがミーティングに命を賭けていた第二の理由である。つまり、私が目指す理想形をあらかじめ選手に理解させておけば、かりに厳しく叱ったとしても、「自分が監督の求める理想に届いていないからだ」と選手は納得できるのである。たとえ一時的に落ち込んだり、腹を立てたりしたとしても、根に持つことはなく、すぐに気持ちを切り替え、理想を実現するためにはどうすればいいのか考えるようになるわけだ。

こういうことがあった。1997年、首位に立っていたヤクルトは8月の1カ月で横浜にゲーム差を6・5ゲーム詰められてしまい、9月2、3日に3・5ゲーム差で横浜との直接対決を迎えることになった。まさしくシーズンの天王山だった。

1戦目は先発の石井一久が好投。ノーヒットノーランのおまけつきでヤクルトは先勝した。ところが、横浜との相性のよさを買って2戦目の先発を任せた田畑が乱調で、初回から3回まで毎回先頭打者を塁に出した。今日は不調だと判断した私は、3回で田畑を交代させた。結局、リリーフが好投し、試合は逆転で勝利したのだが、交代を告げられた田畑は怒り狂い、ロッカーで物を蹴飛《けと》ばすなど荒れに荒れたのである。

たしかにまだ1点しか取られていなかったし、田畑はチームの勝ち頭であった。成績的にはエースといってよい。彼が怒るのは無理のない部分もあった。

しかし、私は日ごろからミーティングで個人記録よりチームの勝利を優先することは明言していたし、大事な試合ではこういうケースは充分起こりうると説明していたはずだ。だから試合後、私は田畑に訊ねてみた。

「おまえはおれに怒りをぶつけたわけか?」

「いえ。あまりに自分が不甲斐なくて、自分自身に腹が立ったのです」

田畑の言葉を受けて私はいった。

「悔しさは物にぶつけるんじゃなく、相手チームに、ボールにぶつけろ」

すると、次の巨人戦で田畑は6連勝中だった巨人の打線をわずか1安打に抑えて完封勝利をあげた。

叱ったあとのフォローとはもちろん、叱りっぱなしにしないということである。ただし——ふつうはさりげなくやさしい言葉をかける人が多いようだが——叱ったからといって、必ずしもやさしい言葉をかけてやる必要はないと私は思っている。

私が実践していた方法は、理論的に説明してやることだった。つまり、「かくかくしかじかの理由で私は叱ったのだ」と、なぜ叱られるのかきちんと説明し、そのうえで「おまえはどう思う?」と最後に訊ねるのである。理詰めで迫るから、相手は納得せざるをえない。現実に私とのあいだにわだかまりが残ることもなかった。

もし、あなたがちょっと叱ったことで相手が反発したり、傷ついたりしてしまったというのであれば、こうした叱る前の準備とフォローを怠っていなかっただろうか。その意味では、叱る側にも問題があると私は思うのである。

第四章

ほめてやらねば人は動かじ

叱って育てるからこそわかる、ほめることの大切さ

人は叱ってこそ育つ――私はそう信じている。いまは学校でも会社でもほめて伸ばすという風潮があるようだが、正直、どうかと思う。そんなのは甘いんじゃないかと……。そんなことだから自分のことしか考えず、周囲が見えない、すなわち他人を慮《おもんぱか》れない、自分を過信する若者が増えているのではないかとさえ感じている。

加えていつもほめられてばかりいると、それがあたりまえとなって喜びを感じなくなるし、それゆえ逆にちょっと叱ったくらいで落ち込んでしまうケースが増えるのではないかと思うのだ。

とはいえ、もちろん私はほめることをすべて否定しているわけではない。いや、叱ることを指導方針にしているからこそ、ほめることの大切さを認識しているといってもいいだろう。まえがきに鶴岡さんにほめられたひとことが私の支えになったと書いたけれども、そういう経験があるから私は、ほめることの大切さも理解しているつもりだ。

「ほめてやらねば人は動かじ」

かの連合艦隊司令長官の山本五十六はそういったが、ただ叱るばかりでなく、ほめてやらなければやはり人は動かないし、成長しないのである。

つまりは叱ることもほめることも両方大切ということだ。叱るばかりでもいけないし、かといってほめるだけでは絶対に人は育たない。要はどちらに軸足を置くかということであり、ふだんは叱るからこそほめ方が、ふだんほめるからこそ叱り方が重要になるのである。

とはいうものの、私はほめるのが基本的に下手であることは認めざるをえない。選手がいいプレーをしても、「プロなのだから、それくらいできて当然」と思ってしまう。ましてヨイショなど、どうやってもできない。照れ屋であることも影響しているのだろう。

「もう少しほめ上手だったらなあ……」

そう思ったことも再三ある。それゆえ、ほめて育てたエピソードにはほとんど語るものを持たないが、ほめ方にはそれなりに気を遣っているのも事実なのである。

本人の評価より少し上の評価をする

第一に、いくらほめるのが大事といっても、なんでもかんでもほめあげればいいというものではないだろう。やはり、その内容が問われるはずだ。

自分がほめるのが下手だからいうのではないが、ほめるという行為は、じつは非常に難しいと私は思っている。なぜなら、ほめるということは、ある意味でほめる側の能力をさらけ出すということでもあるからだ。

たとえば、ある監督が並の選手に対してやる気を出させるつもりでこういったとしよう。

「きみはすごいなあ。10年にひとりの選手だよ」

「おまえはチームの宝だ」

本人はほめているつもりなのかもしれない。が、受け取る側は冗談かヨイショ、もしくは嫌味にしか聞こえないのではないか。下手にほめると、「ごまをすってるな」とか「お世辞に決まっている」、あるいは「バカにするな」「いやなことをいう奴だな」などと思われ、逆効果になるばかりか、場合によっては「この程度で満足するのか。人を見る能力がないんだな」と評価を落としかねない。

人間というものは、ほめられればたしかにうれしい。しかし、だからといって歯の浮くようなことをいわれては信用できないし、むしろバカにされていると感じ、かえって腹を立てるものだ。

いちばんいいほめ方は、「相手が自分に対して下している評価よりちょっと上の評価をしてやる」ことだと私は思っている。それがもっともうれしく、納得できるほめられ方であるはずだ。自分でも「よくなったかな」となんとなく感じていることを的確に指摘されれば、自信を持てるし、「よく見ていてくれるな」と感激するに違いないからだ。

とすれば、指導者は日ごろからじっくりその人物を観察し、適切な評価を下すことができなければばならない。「能力をさらけ出す」といったのはそういう意味だ。それができないなら、むしろほめないほうがいいのではないかと私などは思う。

短い言葉でさりげなく

もちろん、ほめ方も非常に重要である。同じ内容であっても、伝え方次第でどれだけ相手の心に響くかは大きく違ってくる。ならば、できるだけ相手の印象に残る方法でほめたほうが効果的。それなりのテクニックが必要なのである。

私の場合は、できるだけ短い言葉で、〝ボヤキ〟として簡潔に、かつさりげなくほめるようにしている。ほめるときはくどくど説明する必要などないと思う。さりげなく、ひとことだけでいい。やたらほめまくっていれば、せっかくの言葉の値打ちが下がってしまうではないか。

だから、貴重なタイムリーやホームランを打ったときでも、せいぜい試合後に「よう打ったな」と声をかけるくらい。中継ぎや抑えで毎日のように登板しているリリーフピッチャーに対しても、時折「毎日ごくろうさん」とねぎらう程度だった。

選手にとっていちばんつらいのは、怒られることでも非難されることでもない。監督やコーチから無視されることなのである。したがって、短い言葉でさりげなくほめるだけで「ちゃんとおまえを見ているんだぞ」という意思は充分通じるし、私が鶴岡監督にすれ違いざま「ようなったな」とほめられたのをいまだに憶えているように、かえって印象に残るものなのだ。

だいたい、たとえばプレゼントでもこれみよがしに渡されるより、予期しないときにさりげなくもらったほうが心がこもった感じがしてうれしく、のちのちまで憶えているものだ。ほめられる場合も同様なのではないだろうか。

ちなみに、この「さりげなく」というのは、ほめる場合だけにかぎらない。管理職の人は部下と話すとき、周囲に気を遣うのか、部屋に呼んだり、別席を設けたりすることがあるようだが、それでは本人がかえって構えてしまう。おたがいフランクに話せない。

私は練習中にバッティングケージのそばや球場の食堂、あるいは通路ですれ違ったときなどに、さりげなく立ち話というスタイルで話をすることが多かった。さりげないからこそ、琴線に触れるような話をすると、より印象に残るものなのだ。

間接的に伝える

私の場合はメディアなどを介して間接的に〝ボヤキ〟としてほめることが多かった。これにはもちろん、面と向かってほめるのが照れくさいという理由も多分にあったが、それ以上にそうするほうがより効果的だと考えたからだった。

じつは鶴岡さんにほめられた経験がもう一度だけある。南海に入団して3年目を迎えたときだった。その年の春、南海はハワイでキャンプを行うことになり、私も同行を許された。といってもブルペン捕手要員だったのだが、レギュラー捕手がケガをしたりして、私が現地チームとの練習試合に出場することになり、よい成績を残すことができた。

すると帰国したときの記者会見で、鶴岡監督がこういってくれたのである。

「ハワイキャンプは失敗だったが、収穫がひとつだけあった。野村に使えるメドが立ったことだ」

この言葉がどれだけうれしく、また自信を与えてくれたことか。鶴岡監督がはじめて私を認めてくれたのだ。しかも、いわば公衆の面前で……。メディアやファンの私を見る目も変わった。

「絶対レギュラーになってやる！」

私は奮い立ったものだ。そのときの気持ちは、半世紀以上たったいまも忘れていない。

もうひとつ、こんなことがあった。こちらはようやく1軍で頭角を現すようになったころだったと思う。

巨人とのオープン戦のあとで、南海のコーチだった蔭山和夫さんが巨人の監督である川上哲治さんと対談するという話を聞いた。川上さんを尊敬している私は、蔭山さんにお願いした。

「川上さんが僕のバッティングをどう見ているか、聞いてきてもらえませんか？」

翌日、蔭山さんに確かめてみた。蔭山さんによれば、川上さんはこういったという。

「野村くんという選手は、将来楽しみだねえ」

そのひとことだけで充分だった。大監督の川上さんが自分のことを見ていてくれ、期待してくれている。どんな美辞麗句をたくさん並べられるより、身に染みた。こういう経験をしていることもあり、私は間接的にほめる方法をとることが多いわけだ。

こんな方法を使ったこともある。前に名前が出た田畑に対してだ。移籍1年目の前半からエース級の働きを見せてくれた田畑に対し、私はなんらかのかたちで報いてやりたいと考えていた。ちょうどその年、オールスターが彼の故郷である富山で開催されることになっていて、その前に近くの石川で試合があった折、彼のご両親が私のもとにあいさつにやってこられた。そのとき、私は両親にこういっておいた。

「富山で行われるオールスターを、ぜひ楽しみにしていてください」

そして、実際に監督推薦で田畑を出場させたのである。

このケースはやや特殊かもしれないが、メディアに向かって私がほめたことが報道されれば選手はうれしいだろうし、たとえ記事にならなくても私が記者たちにいったことは、とくにほめた内容は経験上、必ず選手たちに伝わるものだ。

また、ほめられる側からしても、直接声をかけられるのは気恥ずかしい人間もいるだろうし、なにかの折にたとえば同僚や先輩から「上司がおまえのことをほめていたよ」といわれるほうがより記憶に残る。同時に、「ふだんはそんなそぶりを見せないのに、きちんと見ていてくれているんだな……」と、その上司に対する見方が変わってくると思う。

要は、直接ほめるのと間接的にほめるのと、どちらがより効果が大きいか判断したうえで使い分けることが大切なのである。

中心選手の自覚を持たせたことで変わった古田

したがって、私だってそうしたほうがいいと判断した場合には、選手を呼び出して直接言葉をかけることがあった。

1997年のシーズンが開幕する前だったと思う。古田をこっそり呼び出したことがあった。「中心なき組織は機能しない」と私は繰り返し述べているが、当時のヤクルトの中心はやはり古田をおいてほかにいなかった。ところが、古田にはそういう自覚がないように私には見えた。池山や広沢といった先輩選手に対する遠慮があったのかもしれないし、たんに面倒くさかっただけかもしれないが、いずれにせよ、中心を担うべき古田がそうであっては強いチームはつくれない。そこで私は彼を呼んでこういったのである。

「いいか。うちはおまえ中心のチームなんだぞ。だから今年は、自分が中心として引っ張っていく気持ちを持ってくれ」

それまでは彼を叱ってばかりいたが、それはおまえがチームの中心だからなのだ、おおいに期待しているのだと、自尊心をくすぐったわけだ。

それから彼はガラッと変わったのを私は憶えている。それはとりわけミーティングに臨む姿勢に現れた。じつはそれまでの古田はミーティングでの態度がいいとは決していえなかった。メモ用紙として紙切れ１枚を机に置いてあったが、メモをとる姿を見たことはなく、腕組みをしてじっと話を聞いているだけだった。

ところが、その年からは資料などをはさんだらしいノートを何冊も持ち込み、メモをとるべきときはしっかりとペンを動かすようになった。

「これがほんまにあの古田か？」

私は自分の目を疑ったほどだった。その年、ヤクルトはＢクラスとの下馬評を覆して優勝したのだが、これには古田の変身が非常に大きかったと私は思っている。

タイミングを逃すな

いまの話とも関係するが、ほめるときにもうひとつ重要なのがタイミングである。タイミングを間違えると、せっかくほめてもうれしく思えないばかりか、たんなるお世辞に聞こえてしまったりすることがある。したがって、ほめるときはつねにタイミングを探り、「ここだ！」と感じた時点ですかさずほめなければならない。

じつは、私が叱ることを基本とし、めったにほめないのは、勘違いや慢心を戒めるととともに、ほめることをより効果的にするためという理由もないわけではない。

たとえば、自分がたいして困っていないときに他人に親切にされてもそれほどありがたいとは感じないものだ。それと同じで、いつもほめてばかりいると、ほめられるのに慣れてしまうというか、ありがたみが薄れてしまう。それではほめても意味がない。

けれども、困っているときに受けた親切というのはどうか。心底身に染み、いつまでも心に残るはずだ。親切にしてくれた人に対する評価も——もちろん、相手はそんなことは期待していないだろうが——大きく変わるし、なんとかして報いたいと思うだろう。

同様に、ふだんはめったにほめないからこそ、ほめられたときの喜びは倍増するのである。私が鶴岡監督に2回だけほめられたのをいまでも憶えているように、心からうれしく感じるし、もっとがんばろうと思うものなのだ。

つまり、本人が必要としているときにすかさずほめるからこそ、ほめる行為が生き、大きな効果を発揮するのであり、必要がないときにほめてもたいして意味がないばかりかマイナス作用をもたらす可能性すらあるというわけだ。

ただ「ほめておけばいい」と考えている指導者は、そのことを忘れている。その意味でも指導者は、日ごろからしっかりと選手や部下を観察しておくことが求められるのである。そうでなければ、ほめるタイミングを見誤ってしまうからだ。

あとがき

最後に、私自身が生きる指針としていた言葉を紹介しておきたい。

「人間的成長なくして技術的進歩なし」と私はつねづね選手たちにいってきた。じつはこの言葉は、ある恩師にいわれた教えがもとになっている。

その恩師は清水義一先生といい、私が通っていた峰山高校野球部の部長だった。とはいえ、先生は野球部長になるまで野球にはまったく興味がなかった。それどころか野球部の廃部を主張していたほどだった。当時の野球部はいわゆるやんちゃ者の集まりで、先生は生活指導部長だったからだ。

しかし、野球をするために進学した私にとって、部がなくなってしまうのは大問題。そこで一計を案じ、まずは野球に興味を持ってもらおうと先生に練習試合を観戦してもらった。当時野球は人気スポーツだったから、町の人たちがたくさん応援にきてくれていた。先生は少しだけ野球というスポーツと部員たちを見なおしたようだった。そこで私はさらにいった。

「野球部の部長になっていただけませんか?」

そうすれば野球部を存続させないわけにはいかないと考えたのだ。先生にも「野球を通して生徒を教育しよう」との考えがあったのだろう。

私の要請を受け入れた先生は、部員を集めてこういった。

「まずは行いを正し、立派な人間になれ。そうすれば強くなる」

野球を知らない先生は、技術指導をすることはなかった。その代わりいつもこういっていた。

「野球の技術を磨く前に、人間を磨け」

この言葉がその後の私の思考と行動を規定することになった。

清水先生はたしかに厳しかったが、決してそれだけではなかった。私が学費を滞納せざるをえなくなったときのことだ。先生が私を呼んでいった。

「貧乏はおまえが考えているほど恥ずかしいことではない」

そして、私の手に100円札を握らせてくれた。

夢だったプロ野球の選手になるきっかけをつくってくれたのも清水先生だった。

峰山高校野球部は、いつも京都府大会の1回戦で姿を消すのが常といっていい弱小チームで、甲子園なんて夢のそのまた夢。私が1年生の夏は、のちに阪神入りする西尾慈高投手を擁する立命館神山高校と1回戦で対戦——当時は西京極球場が進駐軍に接収されたままだったので、試合場所は衣笠球場だった——したのだが、丹後から京都まで鈍行列車に

3時間も揺られた甲斐もなく、コールド負け。私自身、試合前の投球練習で拝み捕りをしたらミットが破れてボールがバックネットに転々、観客にゲラゲラ笑われて舞い上がってしまう始末。2年生のときは私のランニングホームランなどで1回戦は花園高校に勝ったものの、2回戦では山城高校にまたもコールド負け。3年生の最後の夏も1回戦で伏見高校に負けた(ちなみにこの年は同じ郡部でリーグ戦をやっていた西舞鶴高校が京都大会で優勝したので私も自分のことのようにうれしかった。ただし、残念ながら京滋大会で彦根東高校――毎日オリオンズに入団する中川隆というエースがいた――に敗れ、甲子園出場はならなかった)。

そんなチームだから、私がプロのスカウトの目に留まることはなかったのだが、私がプロ志望であることを知った先生は、在阪球団の監督に宛てて「ぜひ野村を見に来てくれ」と手紙を書いてくれたのである。もちろん球団関係者に面識などない。が、その結果、南海の鶴岡監督から「テストを受けに来なさい」との返事が届き、私はプロ入りへの足がかりをつかむことができたのだ。

清水先生は私の「父親代わり」としてプロ入りに反対する母の説得もしてくれた――「3年間だけ行かせてやってください。それでもダメだったときは私が責任をもって就職の世話をしますから」といって……。

約束の3年目、私は1軍に定着してレギュラーをつかみ、4年目にはホームラン王を獲得することができた。これも「野球の技術だけでなく、人間を磨け」という清水先生の教えを胸に努力したからだと思っているし、だからこそ指導者になってからも選手に対して「人間的成長なくして技術的進歩なし」といい続けているのである。

そして最後の最後にもうひとつ、妻の沙知代にいわれた言葉を記しておきたい。

1977年のシーズンが終わろうとしていた9月だった。私は南海のプレーイング・マネージャーを解任された。原因は、前妻との離婚訴訟中でありながら沙知代と同棲《どうせい》していたことにあったが、いずれにせよ、18歳のときから24年間在籍したチームを追われるようにして去らざるをえなくなった。

「もう関西なんかにいないで、東京に行っちゃいましょうよ」

沙知代が提案したので、私は彼女が所有していた東京の家に引っ越すことに決めた。球団を去る際、「仕事はいくらでもある」とうそぶいたものの、内心はとても不安だった。なにしろ私は野球しか知らないばかりか、ずっと南海一筋だったから東京に知り合いといえる人間もいない。すでに克則も生まれていた。

「はたしてこれからやっていけるのだろうか……」

ことの重大さにあらためておののいた私は、東京に向かう車中、ハンドルを握りながら妻に問いかけた。

「これから何をして生きていこうか」

すると、妻はあっけらかんとこういったのである。

「なんとかなるわよ」

このひとことで、私はどれだけ救われ、勇気づけられたことか。

「そうだよな。命を取られたわけじゃなし、なんとか生きていけるよな」

それまでの迷いや不安が一気に吹き飛んだ気持ちがした。

その後、ロッテに拾われ、さらに西武に移籍して以降のことは、まえがきに書いたとおり。楽天の監督を最後にユニフォームを脱いでからも、「解説だ、講演だ」と毎日忙しく飛び回っている。その結果、入院という思わぬ事態を招くことになってしまったが、幸い大事にはいたらず、まさしく妻のいうとおり、人生は「なんとかなる」ものだとあらためて思ったものだ。

ただし、「なんとかなる」といっても、ただ無為に時間を過ごしているだけではどうにもならない。たとえ不遇な状況に置かれたとしても、決して腐らず、つねに人間を磨き、成長しようという気持ちで日々を送る――そうしてはじめて、草柳さんのいうように「見ている人」が引き上げてくれるのだと私は信じている。「思考が人生を決定する」という言葉が昔読んだ五木寛之さんの本にあったが、まさしくそうなのだ。

昨年、入院生活を経験したことで、あらためて野球への渇望感が強まった。やはり私は野球がなによりも好きなのだ。残された時間はそれほど多くはないかもしれないが、さらに人間を磨き、成長していきたいと思っている。きっと誰かが見ていてくれるはずだから——。

著者略歴

野村克也（のむら・かつや）

1935 年、京都府生まれ。54 年、京都府立峰山高校卒業。南海ホークス（現福岡ソフトバンクホークス）へテスト生として入団。MVP 5回、首位打者1回、本塁打王9回、打点王7回、ベストナイン 19 回などの成績を残す。65 年には戦後初の三冠王にも輝いた。70 年、捕手兼任で監督に就任。73 年のパ・リーグ優勝に導く。後にロッテオリオンズ（現千葉ロッテマリーンズ）、西武ライオンズ（現埼玉西武ライオンズ）でプレー。80 年に現役引退。通算成績は、2901 安打、657 本塁打、1988 打点、打率 .277。90 ～ 98 年、東京ヤクルトスワローズ監督、4 回優勝。99 ～ 2001 年、阪神タイガース監督。06 ～ 09 年、東北楽天ゴールデンイーグルス監督を務めた。「生涯一捕手」が座右の銘。

野村克也、「野村再生工場」を語る

2020 年 10 月 30 日　第1刷発行

著者	野村克也
発行者	長坂嘉昭
発行所	株式会社プレジデント社 〒 102-8641　東京都千代田区平河町 2-16-1 平河町森タワー 13 階 https://www.president.co.jp　https://presidentstore.jp/ 電話：編集（03）3237-3732　販売（03）3237-3731
編集協力	株式会社 Athlete Solution 鮫島 敦　沖津彩乃（有限会社アトミック）
装丁	ナカミツデザイン
編集	桂木栄一
制作	関 結香
販売	高橋 徹　川井田美景　森田 巌　末吉秀樹　神田泰宏　花坂 稔
印刷・製本	凸版印刷株式会社

©2020　Katsuya Nomura

ISBN978-4-8334-2390-8
Printed in Japan

落丁・乱丁本はおとりかえいたします。